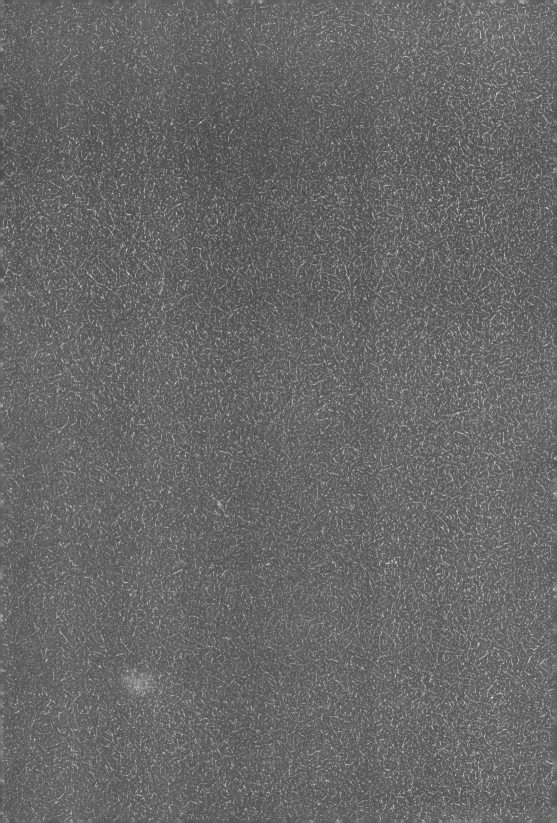

문예신서
354

# 들뢰즈와 창조성의 정치학

## 사공일 지음

東 文 選

들뢰즈와 창조성의 정치학

# 차 례

# 책 들어가기

재현이 아니라 리좀적인 창조성과 실험으로서의 질 들뢰즈(Gilles Deleuze)의 사유의 철학 혹은 사유의 이미지는 리좀적인 탈중심화된 양식과 관련이 있다. 탈중심화되고 비계층적이며 수평적인 다양성 속에서, 어떤 요소도 다른 요소들과 연결될 수 있는 리좀(rhizome)은 이질적 요소들의 공존과 결합을 통한 무한한 창조적 가능성을 암시하는 개념이다. 리좀은 변이, 확장, 정복, 포획, 분기에 의해 작용한다. 리좀은 생산되고 구성되어야 하는 지도, 그리고 언제나 분리·연결·수정될 수 있는 지도와 관련이 있다. 여기서 지도는 현실과의 접속에서의 실험을 통한 부단한 보완과 수정을 상정하는 개념이다. 이런 관점에서 들뢰즈의 작업은 다양한 입구와 출구와 그 자체의 탈주선(line of flight)을 가지는 지도를 구성하고, 현실 속에서 접속을 통한 실험으로서의 지속적인 변이를 강조한다. 이는 긍정적이고 창의적인 탈영토화를 추구하며, 사회적 재현들의 창조적인 전복 혹은 재현을 당연시하는 이데올로기적인 코드들의 변형을 목적으로 한다. 로널드 보그(Ronald Bogue)는 들뢰즈의 이러한 입장을 "창조성의 정치학"이라고 고안한다.

들뢰즈와 가타리가 궁극적으로 발전시키고 있는 것은 창조성의 정치학이다. 이 창조성의 정치학은 출발지로서 오래된 체계의 정복에 근거를 둔 것도 아니고, 종착지로서 새로운 체계의 운용에 근거를 둔 것도 아닌 혁명의 이론이다. 이는 가운데, 중지 기간, 막간의 간주곡, 사이의 공간, 예측할 수 없는 과정의 틈새, 움직임, 창안 등에 근거를 둔다(*Deleuze and Guattari* 105).

창조성의 정치학은 이미 설정되어 있는 억압적인 담론들과 제도들을 탈영토화하여 인간 실존의 새롭고 자유로운 양식들을 창조하려고 한다. 탈영토화 과정은 욕망과 무의식을 제한하는 규정적인 담론과 제도를 전복시키는 해체적인 활동이다(《들뢰즈와 가타리: 포스트구조주의와 노매돌로지의 이해》 10). 보그의 지적처럼, 탈영토화의 긍정적인 양상을 감정적인 과잉으로서 이해해서는 안 되고, 정치적이고 예술적이며 과학적인 창조로서 이해해야 한다.

특히 창조성의 정치학은 들뢰즈의 예술철학에서 두드러지게 강조된다. 예술에서 창조성의 정치학은 재현(representation), 시뮬라크르(simulacre), 차이와 반복, 잠재태(the virtual), 다이어그램(diagram), 리좀, 탈주선, 소수성(minority), 기관 없는 신체(body without organs), 되기(becoming), 탈영토화(deterritorialization), 리토르넬로(refrain) 등의 개념들을 통해 전개된다. 따라서 이 개념들이 적절하게 배치된 연극, 글쓰기, 미술, 음악 등을 살펴보는 것은 그의 창조성의 정치학의 내용과 형식을 구체적으로 탐사할 수 있는 유용한 방식이라고 생각된다.

무엇보다도 들뢰즈는 예술에 나타나는 재현적 형식에 호의적이지 않다. 들뢰즈에게 있어 재현은 조직화되고 구조화된 권력의 형식이고, 상투적이고 통례적인 드러냄이다. 여기서 재현은 권력의 정치학을 함의한다고 볼 수 있다. 들뢰즈는 《차이와 반복 *Difference and Repetition*》에서 재현의 전복을 시뮬라크르를 거부하는 플라톤(Plato)의 비판을 통해 진행한다. 플라톤은 차이를 이데아(Idea)라는 근거와의 유사성에 관련지으며 동일성에 종속시킨다. 플라톤의 동일성의 철학은 차이로서의 반복에서 차이를 제거함으로써 차이의 반복을 차이 없는 반복으로 만든다. 대조적으로 들뢰즈는 차이를 동일성에 포섭하지 않고 차이를 차이로서 포착한다. 차이가 끊임없는 변화 속에 존재하는 한 차이 없는 반복은 없기 때문에 반복은 차이의 반복일 것이다. 그는 차이와 반복 개념을 통해 긍정적이고 창의적인 변이를 추구하고, 창조적인 생성의 가능성을 타진한다.

더불어 그의 잠재태 개념은 재현을 전복시키는 철학을 구체화한다. 잠재태 개념은 앙리 베르그손(Henri Bergson)의 지속(duration), 기억(memory), 생명의 약동(élan vital)에 토대를 두고 있다. 지속은 본래 잠재적 다양성을 정의하고, 기억은 잠재적 다양성 속에서 모든 차이의 정도로서 공존하며, 생명의 약동은 잠재태의 현실화를 나타낸다. 들뢰즈가 잠재태의 현실화로의 이행을 통해 주장하는 바는 차이와 생성으로서 삶의 새로운 가능성을 창조하는 것이고, 이것은 모든 사실들의 가능성이 배치되어 있는 다이어그램과 접속 가능하다.

또한 소수성 개념도 재현적인 권력에 대한 비판으로 접근 가능하다. 다수적 양식이 대립을 이미 주어진 것으로, 그리고 특권화되고 기원적인 항에 근거를 두는 것으로 표현하는 반면, 차이의 소수적 양식은 구별을 어떤 특권화된 항에 기초 짓지 않고, 구별을 이미 주어진 질서로 보지 않는다. 다시 말해 다수성은 상수(constant)와 항상적인 관계를 추출하는 방식으로 척도와 규범, 혹은 모델의 형식으로 현재적인 상태를 유지하는 권력이고, 소수성은 연속적인 변이의 상태 속에 놓는 방식으로 새로운 변화와 생성을 통해 그 척도와 규범을 변형시키는 잠재적 변이 능력이라고 할 수 있다. 모든 되기는 소수성을 함의한다는 말처럼, 소수성은 다른 것 되기와 연관성을 갖는다.

물론 창조성의 정치학으로서 들뢰즈의 사유는 삶의 새로운 가능성을 창안하고, 표현의 새로운 형식을 개발하며, 마찬가지로 그의 사유의 목적은 재현 혹은 동일성의 숨은 깊이를 찾는 것이 아니라 차이와 생성의 삶의 새로운 가능성을 창조하는 것이고, 삶의 적극적 능력으로서의 사유는 새로운 형식에 의해 표현되는 것이다. 들뢰즈는 이를 연극, 글쓰기, 미술, 음악 등을 포함하는 그의 예술론에 이론적으로, 실험적으로 융합시키고 있다. 이런 맥락에서 우리는 그가 개진하는 연극, 글쓰기, 미술, 음악 속에서 재현을 거부하는 창조성의 정치학을 체계적으로 조망할 수 있을 것이다. 즉 새로운 가능성을 창조하기 위해 재현의 예술이 아닌 차이와 반복으로서의 예술, 이것을 새로운 형식으로 표현하기 위해 잠재태에서 현실태(the actual)로 이행하는 타자-되기로서의 연극, 글쓰기, 미술, 음악을 규명할 수 있을 것이다.

이 책은 7장으로 구성되어 있는데, 1장과 2장은 들뢰즈가 강조하는 연극을 분석한다. 1장의 목적은 들뢰즈가 중요시하는 연극의 정치학에서 도출되는 두 가지 측면을 탐사하는 데 있다. 먼저 재현을 거부하는 들뢰즈의 차이와 반복에 함의된 창조적인 측면을 규명하고, 다음으로 잠재태의 현실화 과정 속에서 표현되는 창조적인 측면을 조명한다. 마지막으로 이 두 가지 측면을 구체화시키기 위해서 이 것들을 무대에서 충실히 실현하는 카르멜로 베네(Carmelo Bene)의 연극을 예로 들어 분석한다. 2장은 들뢰즈가 진술하는 연극론을 되기와 소수성의 관점에서 분석하고자 한다. 첫째, 창조적인 의미가 함의된 되기 개념에서 배우-되기를 포섭한다. 둘째, 창조적이고 잠재적 생성을 함의하는 소수성의 의미에서 들뢰즈가 논의하는 연극을 살펴본다.

3장은 들뢰즈의 글쓰기 개념을 전개한다. 그의 글쓰기 개념은 리좀적이고 소수적이다. 또한 그 개념은 언어의 더듬거리기의 형식과 되기의 과정일 뿐만 아니라 이야기 꾸미기(fabulation)의 특징들을 함의한다. 첫번째 특징인 언어의 더듬거리기는 들뢰즈가 분류하는 문체의 세 가지 방식들과 이것들에 단초가 되는 들뢰즈의 소수적 언어를 통해 설명 가능하고, 두번째 특징인 되기의 과정으로서 글쓰기는 수행적 과정으로서의 글쓰기로 접근 가능하며, 세번째 특징인 글쓰기의 이야기 꾸미기는 소수적 문학의 특징을 통해 규명할 수 있다.

4장과 5장은 들뢰즈가 재현의 권력에 거부하며 새로운 가능성을 창출하기 위해 설명하는 미술에 대하여 알아보는데, 4장은 이를 프랜시스 베이컨(Francis Bacon)의 다이어그램을 통해 살펴본다. 베이컨의 다이어그램은 얼룩 혹은 그 부분들 전체를 나타내는데, 그것은 기표적이지 않고 의미 작용을 하지 않는 흔적이고, 재현 기능을 수행하지 않는 흔적이다. 들뢰즈는 퍼스(C. S. Peirce)의 분류에 따라 이 다이어그램을 언어적 기호 작용을 수행하는 것으로서의 상징이라는 코드적 기호와 구분한다. 베이컨이 지적하듯이, 다이어그램은 실제로 카오스이고, 질서 혹은 리듬의 근원으로서 모든 종류의 사실들의 가능성이 배치되어 있다. 이와 같이 가능성이 발아하는 카오스적인 다이어그램은 구상적인 이미지들을 형상적인 이미지들로 변모시키는 수단이다. 다시 말해 코드화된 재현의 상투적인 표현들을 붕괴시키는 근거이다. 이런 입장에서 5장은 들뢰즈가 상술하는 색채의 미학을 통해 창조적 가능성을 타진하고자 한다. 그는 베이컨과 세잔(Paul Cézanne)의 색채주의자의 전통을 따르는 화가라고 하는데, 《프랜시스 베이컨: 감각의 논리 *Francis Bacon: The Logic of Sensation*》 (이하 FB)에서 그는 이집트 예술, 그리스 예술, 비잔틴 예술, 고딕 예술의 특징을 분석하면서 베이컨과 세잔의 그림에 나타나는 촉감적 색채주의를 강조한다. 특히 베이컨의 다이어그램은 촉감적 색채주의가 드러나는 형상적 이미지이다.

6장은 리토르넬로와 음악-되기에 대하여 살펴본다. 리토르넬로는 안정성의 점, 영토의 순환, 외부로의 열림과 같이 세 가지 측면을 가지고 있다. 그는 이 세 가지 측면들을 음악사에 나타나는 세 가지 흐름인 고전주의 음악과 낭만주의 음악, 그리고 모던 음악과 대응시킨다. 들뢰즈는 리토르넬로를 탈영토화하는 것이 음악이라 정의하며 음악의 동물-되기, 아이-되기, 여성-되기를 강조한다. 이러한 음악의 세 가지 되기 형식은 리토르넬로를 탈영토화하는 적절한 실례이고, 우주적 탈주선 혹은 외부로의 탈주선을 향하는 열림의 표현 형식이자 긍정적인 탈영토화이다.

　마지막으로 7장에서는 얼굴-언어와 얼굴의 탈영토화에 대하여 검토할 것이다. 인간 얼굴에서 목소리가 발화되고, 얼굴과 목소리는 언어의 기능화에서 본질적인 구성 요소이기 때문에, 들뢰즈의 안면성(혹은 얼굴성, faciality)과 기호 체제의 분석을 통해 언어와 얼굴의 권력 관계를 인식할 수 있을 것이다. 이를 위해 먼저 손-도구와 얼굴-언어의 언어 이론에 대하여 알아보고, 전제적 체제와 정염적 체제, 그리고 두 체제가 혼성된 전제적이고 정염적인 체제에서 얼굴의 역할에 대하여 조명하고, 전제적이고 정염적인 체제를 생산하는 안면성의 추상기계의 흰 벽-검은 구멍에 대하여 검토하며, 마지막으로 얼굴의 탈영토화로서 얼굴의 다른 것 되기, 비기표적이고 비주체적인 얼굴 없는 지대로 향하는 탐사적 머리(probe head)에 대하여 규명하고자 한다. 특히 탐사적 머리는 리토르넬로의 세번째 측면인 외부로의 열림 혹은 우주적 탈주선과 대응되는 것으로서 창조적이고 긍정적인 탈영토화를 함의하는 개념이다.

　이와 같은 7고원은 각각의 주제들로 구성되어 있지만, 창조성의 정치학과 창조적 가능성이라는 하나의 공통적인 모티프를 가지고 있다. 특히, 되기, 리토르넬로, 리좀, 다이어그램, 시뮬라크르 등은 들뢰즈의 창조성의 정치학과 창조적 가능성을 설명하고 강화하는 개념들이다. 비록 연극, 글쓰기, 미술, 음악 등이 범주가 다른 예술 형식이지만, 또한 각각 다른 표현 형식을 가지고 있지만, 우리는 이 개념들을 통해 들뢰즈가 논의하는 예술철학에서 체계적인 일관성과 근본적인 연속성을 포착할 수 있을 것이다. 이는 들뢰즈가 예술에 대하여 일관적인 체계성을 제시하지 않을지라도 그의 예술철학에 내재된 중심적인 사상 혹은 주제를 포착하는 데 유용할 것이다.

# 1
## 재현, 잠재태, 그리고 연극의 정치학

## 1) 재현의 거부와 차이와 반복

재현(re-presentation)이라는 말에서 재(re)는 차이들을 파괴하는 동일자의 개념적 형식을 의미한다. 이 말은 드러냄(presentation)이라는 직접적 있음을 다시(re) 스스로 있게 하는 의식의 활동을 가리킨다. 다시 말해 재현이란 서로 차이를 가지며 다양하게 나타난 것들을 다시 모아서 동일한 하나에 종속된 것으로 드러나게 하는 인간 의식의 활동이라고 할 수 있다. 이 재현이라는 말에서 무엇인가를 다시 드러낸다는 의미는 그리스어로 닮음을 의미하는 미메시스(mimesis)에서 유래하는데, 미메시스는 불어 번역어인 représentation으로 번역된다.

예술에서의 재현의 개념은 표상 혹은 모방과 유사한 것으로 간주된다. 즉 모방으로 본 예술에는 재현과 재현대상 사이에 복사물과 원본 사이의 유사성의 관계가 존재한다는 의미와, 그러한 시각적 닮음에 의해 회화적 환영이 발생하여 재현으로서의 예술이 성립된다는 의미가 함축되어 있다(권태일 286). 그래서 재현으로서의 예술에서는 대상을 원래 사물에 가깝게 모방하는 것, 즉 그 사물의 형상을 화폭에 더 많이 나누어 가지는 것이 중요하게 된다. 이렇게 재현되는 것은 다시 나타나는 것이고, 각 사물들이 각각에 해당하는 형상을 더 많이 나누어 가진다는 점에서, 한 사물의 가치−존재론적 위상은 각 사물에 해당되는 형상을 얼마만큼 다시 드러내는 가에 좌우된다. 그러므로 예술과 철학에서의 재현의 개념은 동일성으로의 환원이라는 의미를 함의한다고 볼 수 있다.

들뢰즈가 《차이와 반복》에서 현대적 사유는 재현의 전복 속에서 탄생했고, 동일성의 소멸과 더불어, 동일자의 재현 아래에서 꿈틀거리는 모든 힘들의 발견과 더불어 태어난 것이고, 현대는 시뮬라크르의 세계라고 설명하듯이(17-18), 이데아의 동일성 원리를 위해 시뮬라크르를 철저하게 배타하는 플라톤에 대한 비판을 통해, 들뢰즈는 재현의 전복을 시도한다.

플라톤은 이 세계를 본질 혹은 형상의 차원인 가지(可知)계와 가상의 세계인 감성계로 나누는데, 그에게 있어 존재세계의 실재는 가지적인 이데아이다. 들뢰즈가 "이데아는 소멸되지 않는다"(*A Thousand Plateaus*, 이하 AP 235)라고 지적하듯이, 이것은 우주에 있어서 영원불변하고 자기 동일적인 최고의 존재이며, 모든 것의 원형이자 최고의 선이다. 따라서 존재세계의 가시적인 모든 자연과 사물은 초월적 형상의 반영이고, 동시에 이것의 복사물에 지나지 않는다.

이에 덧붙여 플라톤은 예술을 자연과 사물과 같은 실재를 모방하는 것이라고 말한다. 예술이 이렇게 자연이나 사물과 같은 형상의 복사물을 다시 모방한다는 의미에서, 그는 예술의 본성을 모방으로 간주하였다. 예를 들어 플라톤에게 있어 시는 영원하고 진실한 근거에 대한 모방의 모방이므로 속임수인데, 이것은 예술을 실재와는 한 단계, 실재의 근저에 놓여 있는 초월적 형상으로서의 이데아인 초실재와는 두 단계나 떨어져 있는 것으로 간주하여 저급한 것으로 취급했음을 의미한다. 즉 재현으로서의 예술이 모방을 강조하는 것처럼, 실재는 이데아와의 유사성과 닮음의 정도에 의해, 그리고 예술품은 실재와의 유사성과 닮음의 정도에 의해 서열이 정해진다. 요컨대 플라톤은 예술이 존재의 가장 낮은 등급인 가상과 환영적인 것이기에, 그것을 거부한다.

플라톤에게 있어 복사물이 파생적인 내적 유사성에 입각해 판단되는 것처럼(피어슨 40), 그것은 원본의 자기 동일성에 의해 그 존재가 정당화된다. 따라서 좋은 모사는 원형을 모방하는 것이고(*Deleuze's Wake* 34), 나쁜 모사는 원형이 부과하고 사물들이 받아들이는 질서를 벗어나는 것, 즉 원형을 거부하는 것이다. 플라톤은 이 나쁜 모사를 시뮬라크르라고 한다. 원형을 거부하기에 복사물의 복사물인 시뮬라크르는 근거를 상실한다. 이런 결과로 플라톤의 이데아는 복사물의 세계보다 우위에 서고, 재현의 투명한 진리는 불투명하고 애매한 시뮬라크르적 이미지 위에 군림하는 반면, 시뮬라크르를 표현하는 예술가의 세상은 진리와는 동떨어진 가상의 세계가 된다.

들뢰즈는 《의미의 논리 *Logics of Sense*》의 2부 첫번째 보론인 〈플라톤과 시뮬라크르〉에서 니체(F. W. Nietzsche)의 "플라톤주의를 타파하라"라는 말로 시작하면서 플라톤의 이분법의 폐지를 주장한다 (253). 들뢰즈에게서 플라톤 철학은 보다 심층적이고 보다 비밀스러운 이분법, 가시적이고 물질적인 사물들 자체 내에 깃들여 있는 이분법인데, 이 이분법은 원형과 복사물의 구분이 아니라 복사물과 시뮬라크르의 구분이기 때문에, 그는 플라톤의 이분법을 전복시키려고 한다.

들뢰즈는 플라톤의 이분법에서 나눔의 방법에 문제를 제기한다. 플라톤의 나눔의 목적은 하나의 유(genus)를 종들로 나누는 것이 아니라, 혈통을 선별하는 것, 즉 위장자들을 구별하려는 것, 순수한 것과 순수하지 못한 것 그리고 진짜와 가짜를 구분해 내는 것이다(*Logics of Sense* 254). 이 나눔의 양극단에 진리와 시뮬라크르가 배치되어 있고, 모든 존재자는 진리와의 유사성 정도에 따라 등급화된다. 그 극단에 놓여 있는 시뮬라크르는 복사물과도 구분된다. 왜냐하면 복사물이 이데아와의 유사성에 근거하는 데 반해, 시뮬라크르는 복사물의 복사물로서 비유사성의 관계로 존재하기 때문이다. 따라서 시뮬라크르는 플라톤의 철학에서 가장 극단에 위치한 일탈로서 간주되고, 유사성과 동일성이라는 재현의 논리에 의해 작동되지 않고, 그런 논리 속에 사로잡히지 않는 불안하고 혼란스런 이미지이며, 나아가 그 이미지가 그 어느 것으로도 환원되지 않는 독자적인 물질성을 소유하고 있는 것이다. 이런 플라톤의 입장에서 시뮬라크르는 유사성을 박탈당한 악마적 이미지이며, 우리는 그것을 쫓아내야 한다(피어슨 40).

여기서 들뢰즈가 플라톤을 비판하는 요지는 플라톤의 철학 전체를 대변한다고 볼 수 있을 그의 나눔의 방법이 실재와 그 이미지, 원형과 복사물, 복사물과 시뮬라크르를 철저히 구분하여 후자를 전자에 종속시키기만 할 뿐, 양자 사이의 차이를 동일성 혹은 유사성에 근거를 두지 않는 차이 그 자체로서 드러내지 못한다는 점을 밝히는 데 있다. 이렇게 플라톤은 차이를 전적으로 근거 혹은 초월적 형상에 관련지어 동일성에 종속시키고, 복사물이나 시뮬라크르와 이데아의 구별을 짓는 차이를 이데아와의 유사성에 의해 판단하기 때문에, 차이의 정도는 이데아를 얼마나 모방하는가에 달려 있다. 다시 말해 플라톤의 동일성의 철학은 차이로서의 반복에서 차이를 제거함으로써 차이의 반복을 차이 없는 반복으로 만든 것이다.

플라톤 철학 전체를 관통하는 유일한 문제, 학문과 기술들에 대한 플라톤의 분류를 주재하는 유일한 문제가 있다면, 그것은 언제나 경쟁자들을 가늠하는 데 있다. 그것은 지망자들을 선별하는 문제이고, 유사 유나 거대 종의 한가운데서 사물과 그것의 허상[1]을 구별하는 문제이다. 중요한 것은 차이를 만드는 것이다(《차이와 반복》153).

플라톤과는 대조적으로 들뢰즈는 차이를 동일성에 포섭하거나 대립에 가두지 않고, 차이를 차이로서 포착하려고 한다. 들뢰즈에 의하면, 차이의 철학에서 차이를 본다는 것은 어느 것이 갖는 남다른 특이성을, 다른 통상적인 것과 구별해 주는 특이성을 포착하는 것이다. 이러한 들뢰즈의 차이의 철학은 차이를 긍정하는 태도를 제안하고 촉발하고자 한다. 여기서 차이를 긍정한다는 것은 다른 사람, 다

---

1) 여기서 허상은 시뮬라크르를 의미한다.

른 문화의 차이를 인정하거나 그것을 보존하는 것이 아니라, 일차적으로 자기 자신에 대해 차이를 만드는 것이고, 자기 자신이 다른 것으로 변이하는 것이며, 자기 자신과 다른 것이 만나서 다른 무엇인가가 되는 것이다. 이런 점에서 들뢰즈가 강조하는 차이는 있는 그대로를 인정해야 하는 것이 아니라 새롭게 만들어 내야 할 것이며, 있는 그대로를 보존해야 하는 것이 아니라 현재와 다른 모습으로 변이함으로써 생성되는 것이다.

하지만 차이의 개념에 대해서만 언급하는 것은 부족하다. 왜냐하면 차이의 철학 역시 동일성이란 개념을, 우리의 사유 속에 존재하는 동일성을 회피할 수가 없기 때문이다. 여기서 중요한 역할을 하는 것이 들뢰즈의 반복 개념이다(《철학과 굴뚝청소부》 403). 반복이란 사물이나 사실 그 자체의 속성이 아니라 그것을 대면하는 어떤 시선이나 정신을 통해서 그것들이 하나로 연결될 때 나타난다. 무상한 변화 속에 존재하는 한 차이 없는 반복은 없기 때문에 반복은 차이의 반복일 것이다. 이런 점에서 반복은 차이의 다른 이름이며, 차이를 포함하는 반복이다. 들뢰즈는 이 차이와 반복의 개념을 통해 동일한 것을 수렴하여 거기서 다시 차이를 구별하거나, 차이를 동일성에 귀속시키는 것이 아니라, 동일성마저 특정한 제한과 조작을 통해 동일화된 차이임을 보여준다.

들뢰즈는 이러한 차이와 반복의 생성적인 입장을 니체의 영원회귀를 통해 접근한다.

영원회귀는 동일자의 회귀를 의미할 수 없다. 오히려 모든 선행하는 동일성이 폐기되고 와해되는 어떤 세계(힘의 의지의 세계)를 가정하기 때문이다. 회귀는 존재이다. 하지만 오직 생성의 존재일 뿐이다. 영원회귀는 '같은 것'을 되돌아오게 하지 않는다. 오히려 생성하는 것에 대해 회귀가 그 유일한 같음을 구성하는 것이다. 회귀, 그것은 생성 자체의 동일하게-되기이다. 따라서 회귀는 […] 이차적인 역량에 해당하는 동일성, 차이의 동일성일 뿐이다. 그것은 차이 나는 것을 통해 언명되고 차이 나는 것의 둘레를 도는 동일자이다. 차이에 의해 산출되는 이런 동일성은 '반복'으로 규정된다(《차이와 반복》 112-13).

이렇게 들뢰즈는 니체의 영원회귀에 속하는 반복에 나타나는 원초적 차이를 통해 생성을 드러낸다는 점에서, 영원회귀는 사유의 새로운 이미지, 즉 "사유의 탄생과 탄생의 사유의 이미지"(피어슨 41)를 제공해 준다고 볼 수 있다. 이에 덧붙여, 그는 니체의 영원회귀에 시뮬라크르의 긍정의 힘을 자리 잡게 한다. 왜냐하면 시뮬라크르가 사유의 탄생과 탄생의 사유를 끊임없이 만들어 냄으로써 영원회귀의 장소를 구성하기 때문이고, 영원회귀는 복수적인 모든 것, 차이 나는 모든 것, 우연으로서의 모든 것을 긍정함으로써, 그것들을 동일성의 원리에 복속시키는 것에 대항해 선별함으로써 모든 것을 그 최상의 강도에서 취하는 힘이기 때문이다.

이와 같은 들뢰즈의 차이와 반복의 개념은 존재의 일의성(univocity)에 내재된 철학적 함의를 통해 그가 강조하는 표현의 창조적인 정치학으로 접속 가능하다. 존재의 일의성 개념은 존재가 자신의 모든 개체화하는 차이와 내재적 양상들을 통해 단 하나의 같은 의미로 드러난다는 것이다. 즉 그것은 모든 것은 하나이고, 또한 모든 것은 복수적이라는 의미이다. 여기서 일의성은 존재의 단일성이나 통일성을 통해 존재들을 등급화하는 것이 아니라 개별적 차이들 각각에 동등한 존재를 부여하는 것이다. 이를 통해 들뢰즈는 "하나의 동일한 세계의 긍정, 그리고 이 세계 내에서의 무한한 차이 또는 다양성의 긍정"(피어슨 42)을 강조한다.

존재의 일의성이 언명하는 바와 같이, 생성하는 모든 것은 생성으로서, 차이로서의 존재의 표현이라는 점에서, 존재의 일의성은 표현의 철학이 될 수 있다. 따라서 모든 것은 언제나 스스로를 표현하게 되는 것이다. 여기서 들뢰즈는 스피노자(B. Spinoza)와 라이프니츠(G. W. Leibniz)가 타진하는 내재성의 평면(plane of immanence)[2]과 존재의 일의성을 차용하여 잠재태로부터 끊임없는 양태들의 생성이 발생하는 분화(혹은 미분) 과정을 통해 새로운 표현 개념을 개진한다. 들뢰즈가 표현의 철학에서 중요하게 여기는 점은 재현의 상황을 벗어나는 차이와 반복으로서의 자유로운 변이와 창조적인 변이이다. 이것이 들뢰즈가 연극의 정치학에서 상술하는 주요한 부분이다. 왜냐하면 들뢰즈에게서 연극은 재현하는 것이 아니라 잠재적인 것을 현존하게 하는 것, 현실의 것으로 만드는 것이기 때문이다.

주지하듯이, 들뢰즈에게 있어 예술은 재현의 권력에 의지하는 것

---

2) 내재성의 평면은 하나의 삶에 의해 정의된다. 하나의 삶을 구성하는 것은 강밀도(intensity)와 역량과 변이가 생성하는 "잠재성들, 사건들, 특이성들"(*Pure Immanence* 31)이다. 이 내재성의 평면은 차이와 반복의 영원회귀를 통해 잠재성과 사건과 특이성을 생성하는 공간이며 시뮬라크르가 재현의 이미지에서 해방되어 고유한 강밀도와 역량과 변이의 힘을 되찾는 공간이다.

이 아니라 생성의 힘에 호소하는 것이다. 즉 들뢰즈는 재현의 권력에서 탈주하여 생성의 힘에 호소하는 연극을 강조한다. 들뢰즈가 강조하는 연극의 정치학은 재현의 권력에 나타나는 동일성의 원리를 제거하고, 차이와 반복을 통해 나타나는 무한한 긍정적이고 생성적인 힘과 자유롭고 창조적인 변이를 표현하는 것이라 할 수 있다. 이런 입장에서 들뢰즈의 연극의 정치학은 창조성의 정치학을 함의한다고 상정할 수 있는데, 이는 이번 장의 3절에서 구체화하고자 한다.


## 2) 잠재태의 현실화

들뢰즈가 《베르그손주의 *Bergsonism*》에서 지속은 잠재적 다양성을 정의하고, 기억은 잠재적 다양성 속에서 모든 차이의 정도로서 공존하며, 생명의 약동은 잠재태의 현실화를 나타낸다고 상술하듯이, 그의 잠재태 개념은 베르그손의 지속과 기억과 생명의 약동의 개념을 상호 연관시킴으로써 구체화된다.

세 개의 근본적인 개념들인 지속과 기억과 생명의 약동 사이의 관계는 무엇인가? 그 개념들은 베르그손 철학에서 어떠한 발전 과정을 나타내는가? 우리가 보기에 지속은 본질적으로 잠재적 다양성(**본성상의 차이가 나는 것**)을 정의하는 듯하다. 그 다음에 기억은 이 다양성, 즉 이 잠재성 안에 모든 차이의 정도들이 공존하는 것처럼 보인다. 마지막으로 생명의 약동은 그 정도들과 상응하는 분화의 계열들에 따라(생명의 약동이 자기-의식을 얻는 인간이라는 이 정확한 계열에 이르기까지의) 이 잠재성의 현실화를 가리킨다(*Bergsonism* 112-13).

이런 맥락에서 들뢰즈의 잠재태의 개념을 살펴보기 위해서는 베르그손의 지속과 기억, 그리고 생명의 약동에 대하여 고찰하는 것이 유용하다.

베르그손은 《창조적 진화 *Creative Evolution*》에서 우리의 의식에는 의식이라 불리는 실체도 없으며 고정된 상태도 없고 각각의 상태 자체가 변화한다고 논증한다. 의식은 끊임없이 사라지고 다시 태어나는 기억 없는 의식과 과거가 현재로 연장되며 미래를 향해 부단히 나아가는 연속적 진행인 살아 있는 의식으로 나뉜다는 점에서 시간의 작용을 받는다. 따라서 시간의 진행 속에서 의식은 "고착화된 어떤 것이 아니라 한 상태에서 다른 상태로 연속적으로 옮겨가는 것이다"(555). 이 연속적인 변화 속에서 의식의 상태는 지속의 순간들을 모은다. 이를 통해 의식 상태의 지속은 순간을 대치하는 순간이 아니라 끝없는 변화와 생성 자체라는 결론에 도달한다. 요컨대 의식 상태의 지속은 상태들 간의 외적 관계가 아니라 상태들 내부의 역동적 변화를 나타내고, 부단한 변화, 과거 기억의 보존, 그리고 새로운 질의 창조로 나타난다.

또한 이러한 변화는 의식만이 아니라 실재 자체의 존재 방식이기도 하다. 의식 상태의 지속과 마찬가지로 생명은 다양한 요소들이 상호 침투하는 연속적 진행 과정이며, 각 개체는 자신의 유전적 성향들을 실현하고 환경과 상호 작용한다. 즉 생명은 지속적으로 진행하는 연속적 흐름이다. 생명의 각 개체와 마찬가지로, 물질도 설탕물 같은 화학 변화의 예처럼 시간에 의해 변화하며 과거 상태로 되돌아 갈 수 없는 흐름이다. 그러나 생명과 물질은 시간적 존재이기 때문에 공간 속에서 불완전하며 모든 가능성 전부를 실현할 수는 없다. 이런 의미로 베르그손에게서 현실화된 것은 언제나 진행중인 경향을 함의하고 완벽한 의미의 현실태는 존재하지 않는다.

지속의 시간관에서 현재는 단지 지나가는 것이며 존재하는 것은 과거일 뿐이다. 따라서 현재와 과거는 본래 차이가 있으며, 모든 현재의 순간은 전체로서의 과거와 항상 동시에 공존한다. 지속의 개념으로부터 현재가 계속적으로 지나가기 위해 전제되는 잠재적 과거, 즉 순수 과거의 개념이 도출되기 때문에, 지속은 잠재적이다. 다시 말해 지속은 "현실화된다는 점에서 잠재적인 것이고, 현실화되는 과정에서 그 현실화의 운동과 분리될 수 없다"(*Bergsonism* 42). 왜냐하면 현실화는 분화(혹은 미분)를 통해, 분기하는 계열들을 통해 발생하기 때문이고, 그 고유한 운동에 의해 본성상의 수많은 차이를 창조하기 때문이다. 이 차이들을 만들어 내는 운동은 다양성과 결부되는데, 이 다양성은 잠재적인 것에서 현실화로 이동하며, 그 본성상의 차이에 상응하는 분화의 계열들을 창조하면서 현실화된다.[3] 그러므로 지속은 본질적으로 잠재적 다양성을 정의하고, 순수 과거는 잠재적 다양성 속에서 모든 차이의 정도들로서 공존한다.

지속과 마찬가지로 들뢰즈는 베르그손의 기억 개념을 통해 잠재적

---

3) 이런 점에서 들뢰즈는 다양성이 연속성, 다질성, 단순성의 경향이 있다고 지적한다(*Bergsonism* 43).

인 것을 설명한다. 베르그손에게 있어 실재는 언제나 잠재태를 포함하는 현실태이다. 즉 실재에는 두 양태들이 공존한다. 《물질과 기억 *Matter and Memory*》에서 베르그손은 이질적 차이들이 공존하는 잠재적 양태로서의 기억의 존재와 인식행위에 나타난 기억의 현실화 과정을 보여주고, 이 두 기억의 상호 작용을 통해 우리의 세계 인식이 확장됨을 논증한다.

베르그손의 기억 개념은 습관-기억과 이미지-기억으로 나뉜다. 반복을 통해 시를 암기하는 것처럼, 습관-기억은 동일한 노력의 일정한 반복을 통해 신체에 습관을 형성하는 것으로서 학습에 대한 기억이라고 할 수 있다. 이 습관-기억은 어떤 운동을 배울 때처럼, 전체 행위를 자기 방식으로 습관화될 때까지 재구성하는 노력의 반복으로 획득된다는 점에서 운동습관의 특징을 가진다. 즉 습관-기억은 과거의 경험이 신체에 기계적인 운동 기제를 형성하는 방식으로 축적되었다가 의식적인 상기의 노력 없이 습득된 운동 기제에 따라 자동적인 행동으로 재생되는 기억을 말한다. 반면 이미지-기억은 시를 읽을 때마다 나타나는 각 독서의 뉘앙스가 반복될 때마다 고유한 개별성을 띠며 의식 속에 발생하는 기억으로서, 독서에 대한 기억이라고 할 수 있다. 즉 이미지-기억은 삶에서 지속적으로 겪게 되는 과거의 경험들이 이미지의 형태로 각각의 고유한 개별성을 간직한 채로 매순간 반복적인 노력 없이 저절로 비신체적으로 보존되는 기억이고, 순수 이미지 형태로 상상되고 표상된다.

이 두 종류의 기억, 즉 습관-기억인 운동 기제와 이미지-기억인 순수 기억은 각각 신체와 정신의 본성을 대변하는데(《물질과 기억》

438), 두 기억의 차이는 동일한 하나의 기억이 현실화되면서 갖게 되는 정도의 차이를 드러낸다. 다시 말해 습관-기억은 감각-운동[4] 체계의 현실적 현재를, 이미지-기억은 순수 기억의 잠재적 과거를 상징한다. 이런 의미로 기억은 잠재적 과거와, 그것이 영속적인 시간 속에서 각각의 현재 순간에 현실화하는 것으로 구분된다(*Deleuze on Cinema* 119). 기억의 두 양태인 잠재적 기억과 현실화하는 기억에서 전자는 저절로 보존되는 과거의 총체로서 현실화되지 않고 잠재적으로 남아 있는 순수한 과거의 즉자태(卽自態), 즉 순수 기억을 의미하고, 후자는 수축-팽창의 이중운동을 통해 이 순수 기억(혹은 순수 과거)을 이미지나 행위의 행태로 현재화하는 창조적이고 능동적인 기억을 나타낸다. 물론 전자는 순수하고, 잠재적이고, 무감동적이고, 무활성적이며, 즉자적인 회상에 상응하고, 후자는 현실화되는 과정 속에서 회상의 운동을 의미한다(*Bergsonism* 71).

또한 베르그손은 《창조적 진화》에서 생명의 약동의 개념을 통해 생명 종들이 잠재태에서 현실태로 분화되는 과정을 보여준다. 그는 생명 탄생과 진화 과정을 물질적 과정으로만 간주하는 것을 부인하고 물질과 생명의 차이를 인정한다. 베르그손에게서 진화는 "우연적 요

---

4) 이미지는 몸의 운동을 발생시키고, 기억에 각인되는 행위를 발생시킨다. 다시 말해 우리를 변용시키는 이미지 감각의 시공간을 우리는 기호라고 부른다. 우리가 주체성 자체를 연역할 수 없을 지라도, 우리를 장악하는 습관적 반응들의 체계는 이미 연역해 내고 있다. 베르그손은 이와 같은 습관적 반응의 체계를 감각-운동 도식이라고 한다. 이는 몸을 다양한 이미지에 적응시키는, 숙고된 메커니즘이다. 기호들을 숙고해서 그것들에게 규칙성, 공통감각을 확보해 주는 것이다(《뇌는 스크린이다》 145-46).

소들의 연합과 첨가가 아니라 폭발적 힘"(562)에서 유래하는 분화 운동으로 구성된다.[5] 예를 들어 조개의 눈과 척추동물의 눈에는 구조의 유사성이 있는데, 베르그손이 인지하듯이 이 유사성이 나타나는 것은 생명 종들이 동일한 근원을 가지기 때문이고, 이 근원은 하나의 폭발적 힘에서 기인한다. 즉 진화가 진행되면서 상이한 계통에서 유사한 기관들이 출현하는 것은 진화를 이끄는 약동이 근원적으로 동일하기 때문이다. 이 힘은 생명의 약동을 의미하는데, 들뢰즈는 이 개념을 진화의 시간을 잠재적이고 자기-미분적인(self-differentiated) 발명 운동으로서 설명할 수 있는 내적인 폭발력으로 해석한다(피어슨 52).

살펴본 대로 생명의 분화는 내적인 힘에 의해 야기된다. 여기서 분화는 현실적으로 갈라지는, 그것의 계열들을 가로질러 존속하는 잠재성의 현실화이다(*Bergsonism* 95). 이런 점에서 베르그손의 잠재태는 미리 존재하는 형상들이 아니라 예측 불가능하지만 끝없이 전개되면서 다양한 경향들을 창조하는 힘으로 간주될 수 있다. 이 힘이 창조적인 변이의 새로운 생성을 의미함은 물론이다.

한편 들뢰즈는 잠재적인 것과 가능적인 것의 비교를 통해 잠재태의 현실화를 더욱 명료하게 전개한다. 가능적인 것은 실재화되기도 하고, 실재화되지 않기도 한다. 실재화(realization)의 과정은 유사성과

---

5) 여기서 진화 과정은 최적화라기보다는 만족화이다. 이 과정은 브리콜라주를 통해 다시 말해 복잡한 배열들 속에 부분들과 항목들을 구성하는 것을 통해 진행된다. 왜냐하면 그것들이 어떤 이상적인 디자인을 충족시키기 때문이 아니라, 그것들이 단지 가능하기 때문이다(*Deleuze on Music, Painting, and the Arts*, 이하 *Music* 68).

제한이라는 두 가지 본질적인 규칙에 복속된다. 왜냐하면 실재적인 것은 그것이 실재화하는 가능태(the possible)의 이미지 속에 존재하기 때문이고, 모든 가능태들이 실재화되는 것이 아니듯 실재화는 제한을 함의하고 있기 때문이다. 반면 잠재적인 것은 실재화가 아니라 현실화되어야 한다. 현실화의 규칙은 유사성과 제한의 규칙이 아니라, 미분 혹은 차이의 규칙이자 창조의 규칙이다. 그래서 현실화되기 위해서 잠재적인 것은 제거 혹은 제한에 의해 진행될 수는 없고, 적극적인 행위 속에서 자신의 고유한 현실화 계열들을 창조해야 한다. 요컨대 실재적인 것은 그것이 실재화하는 가능태의 이미지와 유사성이 있는 반면, 현실적인 것은 그것이 구체화하는 잠재태와 유사하지 않다. 결과적으로 현실화의 과정에서 일차적인 것은 차이가 되고, 잠재성의 특성은 현실화되기 위해서 미분의 계열들을 창조하는 것이다(*Bergsonism* 96-97).

이와 같이 들뢰즈의 잠재태 개념은 베르그손 철학에 토대를 두고 있지만 라이프니츠의 미분 이론을 기초로 하고, 잠재태의 현실화되는 과정은 미분(혹은 차이화)으로 설명된다. 라이프니츠의 무한소분석은 아리스토텔레스(Aristotle)의 정적인 자연학과 대조적으로 운동하는 자연에 대한 최초의 정교한 분석이라고 평가된다. 더할 수 없이 작은 무한소의 세계는 끝없는 미분적/차이적 관계 안에 있으면서 표면에서는 감각적 질들을 생산한다(황수영 96-97). 마치 무지갯빛 깔의 분명한 지각 속에 물방울 하나하나의 미소지각들이 존재하는 것과 같다. 자기 동일성이 없이 생성되고 소멸되는 미소지각들은 즉자적 차이들의 존재방식과 비슷하다. 그러나 즉자적 차이는 차이의 양태인 잠재태와 현실태 속에서 양상을 달리하기에, 차이의 운동은 양쪽에서 이중적으로 생겨난다. 다시 말해 잠재적 내용이 규정되는 미분화 과정과 잠재성이 현실화되는 분화 운동이 발생한다. 이것은 잠재태 속에서 요소들의 공가능성(compossibility)과 잠재태가 현실화될 때 그 요소들의 분기를 동시에 표현한다(Boundas 91).

들뢰즈는 이 잠재태의 현실화 과정을 결합의 힘 혹은 강밀도(intensity)의 차이로 파악한다. 앞에서 즉자적 차이가 고유한 내적 차이이자 차이의 운동이라고 함으로써 생성을 의미한다고 살펴보았다. 여기서 우리는 강밀도의 차이가 생성의 동력인 즉자적 비유사성 자체라는 사실을 유추할 수 있다. 즉 강밀도의 차이는 에너지의 일반을 의미하며, 물리적 세계에 나타나는 다양한 불균등성으로 인해 변화와 운동을 가능하게 하는 일종의 결합의 힘으로 작용한다. 따라서 이 강밀도의 차이 혹은 결합의 힘은 모든 살아 있는 생명의 힘이며 창조의 힘이다.

이렇듯 물리적 세계에 있어 창조적 과정은 잠재태의 지속적인 현실화 과정이고, 이 잠재태의 현실화 이행은 잠재적인 것을 소진하지 않는다. 잠재적인 것은 현실태 속에서 하나의 보유된 과잉으로서 존속한다. 즉 잠재태는 현실화되지만 현실화 속에 내재적으로 남아 있고 남겨지며 예비적으로 여전히 다가올 것으로 존속한다. 보그의 분석처럼, 현실화 속에 내재된 잠재태는 감각으로 나타난다. 이 감각은 자연계에서 창조를 가능하게 하는 힘이다. 감각의 힘은 순수하게 수동적이며 보유적인 것으로 현실적인 힘들을 이중화하면서 그 속에 내재되어 있고, 감각 경험은 카오스로서 잠재태에서 현실화로의 이행을 등록한다. 이것이 예술을 잠재태가 현실화하는 과정으로 설명할 수 있는 점이다. 왜냐하면 들뢰즈가 상술하듯이, 예술은 잠재태가 현실태로 이행하는 타자-되기를 포착하고, 기관화된 신체의 지각 작용과 변용으로부터 타자-되기를 비틀고 나서, 예술 작품 속에서 그 것을 지각 가능하도록 만들기 때문이다. 이러한 잠재태, 감각, 그리고 힘의 입장에서 들뢰즈는 음악을 비가청적인 힘을 가청화하는 것이고, 회화를 비가시적인 힘을 가시화하는 것이라고 말한다.

우리는 예술 작품 속에서 잠재태의 현실화 과정의 예를 베네의 연극에서 발견할 수 있다. 보그가 베네의 작품을 "연속적인 변이 속에 무대의 모든 변수들을 설정하는 소수적 연극에 대한 일반적 시각을 증진시키는"(*Deleuze on Literature* 116) 것이라고 분석하듯이, 베네는 잠재적인 것의 현실화 과정처럼 예기치 못하게 나타나는 창조적인 변이를 무대 위에 조작하려고 한다. 베네는 이런 조작을 통하여 들뢰즈가 강조하는 연극의 정치학의 두번째 측면, 즉 잠재태의 현실화로의 이행 속에 출현하는 새로운 생성을 표현한다. 이를 통해 베네 연극은 규격화되고 체계화되고 제도화된 모든 재현들의 상수 혹은 불변적인 요소들을 제거하고 창조적인 변이선을 따른다.


## 3) 베네 연극에서 연극의 정치학

재현의 권력을 거부하고 새로운 탐색과 실험을 추구하는, 그리고 잠재태의 현실화로의 이행으로서 새로운 변이를 창조하는 들뢰즈의 연극의 정치학은 베네의 연극에 적절하게 적용될 수 있다. 이 연극의 정치학은 두 가지 표현 형식으로 분석 가능하고, 이것들이 베네의 연극에 주요한 특징을 이룬다. 첫째는 빼기의 연극으로서 연극이 재현하는 권력인 왕, 제후, 주인, 체계 등과 연극 자체의 권력인 텍스트, 대화, 배우, 연출가, 구조 등을 빼내는 방법이다. 둘째는 소수적 연극으로서 언어 속에 소수적 언어와 무대 위에 잠재적인 변이 능력을 가지는 소수적 인물과 소수적 집단을 구성하는 소수적 방법이다. 이 방법들을 통해 베네는 텍스트를 그대로 모방하여 재현하기보다는 언어와 몸짓의 변이를 통해 창조적인 변이의 급작스러운 발현을 표현한다. 따라서 이 두 가지 방법 속에 나타나는 연극의 특징들을 타진하는 것은 들뢰즈의 연극의 정치학을 연구하는 데 매우 유용할 것이다.

들뢰즈의 연극의 정치학을 표현하는 첫번째 특징은 빼기의 연극인데, 베네는 이를 충실히 실행한다. 《중첩 *Superposition*》에서 반복적으로 강조하는 것처럼, 만약 베네가 원작품을 필요로 한다면 그것은 흥행성 있는 패러디를 만들려는 것도 아니고 문학을 문학에 덧붙이려는 것도 아니며, 그것은 문학을 빼내려는 것, 예를 들어 텍스트를, 텍스트의 일부분을 빼내려는 것이며, 이런 결과로 무대에서 무슨 일이 발생하는 지를 보는 것이다. 이 빼기의 체계를 통해 베네가 중요하게 여기는 것은 권력 체계를 제거하거나 재현하는 요소를 절단하고 무력하게 하는 것이다. 보그가 지적하듯이, 이러한 베네의 권력에 대한 비판은 "필연적으로 재현에 대한 비판을 수반한다. 왜냐하면 언어 · 상호 작용 · 몸짓 · 태도 등의 통례적인 코드는 지배적인 사회

체제의 권력 관계로 가득 차 있기 때문이다"(*Deleuze on Literature* 139). 그래서 베네의 연극에서 중요한 것은 사실을 창조하는 것이고, 일화를 제거하는 것이며, 재현하는 것이 불가능한 텍스트를 만드는 것이다.

들뢰즈에 따르면, 역사적으로 "국가는 책과 사유의 모델이었다"(**AP** 24). 로고스, 철인통치, 이데아의 초월성, 개념의 내재성, 정신의 공화국, 이성의 재판소, 사유의 관리, 입법자이자 주체인 인간 등을 통해서 알 수 있듯이, 국가의 특권화는 세계 질서의 내재화된 이미지이고, 인간을 고착화한다. 이 국가적 이미지는 인간의 사유를 동질화하고 항상적인 것으로 만들고, 차이의 다양성을 감추어 차이 없는 반복인 동일성의 원리를 수행한다. 베네는 《리처드 3세》 연극에서 이러한 국가적인 체계와 국가적 이미지를 절제한다.[6] 여기서 "절제되고 빼내어지는 것은 왕정 체계와 군주 체계 자체이다"(《중첩》 124). 이렇게 베네는 《리처드 3세》에서 국가와 국가의 고착화된 권력 관계를 빼내어 리좀적 구성을 조작함으로써, 자신의 연극을 무한한 잠재적 다양성을 표현할 수 있도록 하고, 연속적인 변이의 가능성을 제시할 수 있는 책-전쟁기계[7]가 되게 한다.

---

6) 베네의 《리처드 3세》는 후에 리처드 3세(Richard III)가 되는 글로스터(Gloucester) 공작과 에드워드 4세(Edward IV)의 어머니인 요크(York) 공작부인, 헨리 6세(Henry VI)의 미망인으로 이전의 여왕이었던 마거릿(Margaret), 에드워드 4세의 부인으로 현재의 여왕인 엘리자베스(Elizabeth), 헨리 6세의 장남인 에드워드(Edward) 왕자의 미망인으로 글로스터 공작과 결혼하는 앤(Anne) 부인, 에드워드 4세 정부였다가 헤이스팅스(Hastings) 경의 정부가 되는 쇼어(Shore) 부인, 마지막으로 침모가 등장한다.

베네의 빼기 연극을 통해 《리처드 3세》에는 리처드 3세와 여자들만이 남아 있다. 들뢰즈는 리처드 3세를 권력을 탐낸다기보다는 전쟁기계를 재도입하고 혹은 다시 발명하려 하는 인물로 묘사하는데, 불온한 인물인 리처드 3세는 미끄러져 들어와서 처음부터 자신의 의도가 전쟁기계를 재발명하고 그 선을 부과하는 것이라고 선언한다. 기형적이고 배반적이며 반역적인 그는 국가 권력을 정복하는 것과는 완전히 다른 비밀스러운 의도와, 여성과의 다른 관계를 선언한다. 이런 결과로 리처드 3세는 국가의 평화나 외견상의 안정을 깨뜨릴 위험을 무릅쓰고서라도 전쟁기계가 된다.

베네의 연극에서 빼기의 특성이 권력과 관계된다는 점에서, 그 연극은 정치적 함의를 가진다. 베네가 권력의 요소를 절단하려할 때, 바꾸는 것은 연극의 재료뿐 아니라 연극의 형식이고, 이러한 연극의 재료와 형식은 더 이상 재현이기를 멈추고 동시에 배우는 배우이기를 멈춘다. 그는 다양한 연극적 재료와 연극적 형식이 자유롭게 흐를 수 있도록 해주는데, 이는 만약 이러한 빼기가 없었다면 불가능했을 것이다. 빼기의 연극을 통해 베네는 리좀인 $n-1$을 작동한다. 그래서

---

7) 전쟁기계란 전쟁을 수행하는 배치를 지칭한다. 다시 말해 전쟁기계란 새로운 것을 창조하는 활동으로, 사유, 글, 움직임, 창작 등의 모든 자유로운 흐름에 상관적인 배치로 형성되고 작동되는 기계라고 할 수 있다. 이런 의미에서 전쟁은 전쟁기계의 목표가 아니다. 혹은 전쟁이나 폭력은 목표가 아니며, 일반적 수단도 결코 아니다. 그것은 국가장치의 폭력으로 인해 야기된, 피하고 싶지만 피하기 힘든 필요악이다(《노마디즘 2》 298). 반면 국가장치는 자신으로 권력이 통합되고 집중되는 것을 통해서만 자신의 존재를 유지할 수 있고, 자신에게 통합되지 않는 다른 권력 중심의 출현이나, 자신의 권력에서 발생하는 약간의 동요에도 견디기 힘들다(《노마디즘 2》 304).

베네는 중심화된 체계의 연극인 n을 탈중심화된 체계의 연극인 n-1로 변이시킨다. 이러한 리좀은 둘이 되는 일자(the One)도 아니며, 직접적으로 셋, 넷 혹은 다섯이 되는 일자도 아니다. 그것은 일자로부터 도출되는 다수도 아니며, 일자가 더해져서 n+1로 되는 다수도 아니다. 그것은 단위들이 아니라 차원들로 이루어져 있으며, 운동하는 방향들로 이루어져 있다. 그것은 시작도 끝도 갖고 있지 않으며, 오직 중간만을 가질 뿐이며, 그것을 통해 리좀은 돌진하고 넘어서고 새로운 생성을 창안한다. 생성의 새로운 가능성을 창조하는 이러한 리좀적 양태처럼, 베네의 **빼기**의 연극은 새로운 형식을 표현하는 것이고, 아무것도 재현하지 않는 것으로 솟아오르게 될 것이다.

이러한 n-1 형식인 **빼기**의 연극으로 인해 어느 작가들도 베네보다 작품을 끝내는 법을 잘 알지 못한다. 왜냐하면 공연이 무대에 올라가는 순간에 시작되고 끝날 만큼 베네는 텍스트의 영속성의 원리를 혐오하기 때문이다. 이런 점에서 베네에게 있어 모든 텍스트는 책이 그 외부와 만나면서 만들어지는 주름이다. 즉 베네 작품은 인물의 구성과 함께 끝나고, 이러한 구성의 과정 외에 다른 목적을 갖지 않는다. 이와 같은 베네의 **빼기**의 연극은 새로운 잠재성의 힘을 포착하여, 언제나 불안정한 상태에 있는 탈재현적인 힘을 해방시켜 비가청적이고 비가시적인 힘을 가청적이고 가시적인 힘으로 현실화하여 구체화할 것이다. 이 점이 창조성의 정치학의 두 가지 측면을 함축하고 있음은 물론이다.

들뢰즈의 연극의 정치학을 표현하는 두번째 특징은 소수적 연극이다. 여기서 '소수적' 의미는 사전적 의미와는 다르기 때문에 들뢰즈가 말하는 '소수적' 의미를 살펴보는 것이 필요하다. 들뢰즈는 《천 개의 고원 *A Thousand Plateaus*》에서 다수적인 것과 소수적인 것을 구별한다. 이것들은 단순히 대립적인 것처럼 보이지만, 그의 모든 구별들과 마찬가지로 복잡한 의미들을 함축하고 있다. 클레어 콜브룩 (Claire Colebrook)에 따르면, 다수적 양식은 "대립을 이미 주어진 것으로, 그리고 특권화되고 기원적인 항에 근거를 두는 것으로 표현하고, […] 차이의 소수적 양식은 구별을 어떤 특권화된 항에 기초 짓지 않고, 구별을 이미 주어진 질서로 보지 않는다"(104). 다시 말해 다수성은 상수와 항상적인 관계를 추출하는 방식으로 척도와 규범, 혹은 모델의 형식으로 현재적인 상태를 유지하는 권력이고, 소수성은 연속적인 변이의 상태 속에 놓는 방식으로 새로운 변화와 생성을 통해 그 척도와 규범을 변형시키는 잠재적 변이 능력이라고 할 수 있다. 이 소수적 의미가 함축하는 바와 같이 소수적 연극은 재현의 권력을 전복시킨다고 상정할 수 있을 것이다.

이런 맥락에서 소수적 작가란 잠재태의 현실화로의 창조적인 이행처럼 미래도 과거도 갖지 않고, 단지 생성과 중간만을 지니는 작가라고 볼 수 있다. 들뢰즈는 연극에서의 소수적 작가로 베네, 사무엘 베케트(Samuel Beckett), 로버트 윌슨(Robert Wilson) 등을 예로 든다. 가령 베케트는 《고도를 기다리며 *Waiting for Godot*》에서 당시 조리 있게 표현되던 연극 언어를 간결하고 절제된 언어로 탈영토화하여 새로운 소수적 연극을 형상화하고, 윌슨은 이미지 연극을 통해 언어중심적 연극의 원리와 형식을 거부하고 다양한 감각적 이미지를 고유한 연극 언어로 채택하여 새로운 스타일의 연극 양식을 표현한다

(백보라 40).

재현을 거부하는 소수적 연극의 양식은 언어와 몸짓의 변이를 통해 표현 가능하다. 특히 들뢰즈는 언어의 연속적인 변이를 강조한다. 이러한 변이의 예로서 '나는 맹세합니다'(I swear)라는 언표를 들 수 있다. 프란츠 카프카(Franz Kafka)의 세 가지 절차의 선, 즉 가족 안에서 아버지의 절차, 호텔에서 약혼 절차, 법정에서의 소송 절차에서, 이 말은 각각 어린 날의 한 상황, 사랑의 장면, 법정의 상황에 따라 다른 발화가 된다. 그리고 이러한 변이들은 외부적인 상황이나 물질적인 억양에만 영향을 미치는 것이 아니라, 의미 작용 안에서부터 통사론과 음소들에까지 영향을 미친다. 다시 말해 하나의 발화를 모든 변인들을 동원해 전달한다면, 이 변인들은 시간의 가장 짧은 순간, 발화에 영향을 미칠 수 있을 것이다. 이것으로 발화는 이 고유한 변이들로 인해 발화 자체를 고정시킬 수 있는 권력의 모든 장치를 벗어나게 되고 모든 항구성을 슬며시 빠져나가게 된다(《중첩》 141).

또한 《중첩》에서는 연속적인 변이의 다른 예로서 앤(Anne) 부인이 리처드 3세에게 '나는 당신이 공포스러워요!' 라고 말하는 대사를 든다(141). 이 말은 전시에 처한 여인의 고함인지, 두꺼비처럼 추한 사람 앞에 선 어린아이의 비명인지, 이미 남자의 요구에 응하여 애정이 깃든 연민을 느끼는 젊은 여자의 신음인지에 따라 완전히 달라지는 발화이다. 앤 부인은 이 모든 변인들을 동원해 전달해야 할 것이다. 다시 말해 그 대사를 소수화하기 위해서, 그녀는 "목소리·악센트·얼굴 표정·자세·몸짓·움직임 등과 같은 변이와 관련된 다른 전달 방식들 사이를 신속하게 이동해야 한다"(*Deleuze on Literature*

142).

들뢰즈는 이렇게 연속적인 변이로서 언어활동을 포착하는 것, 언어를 기표와 음고, 음색, 어조 등의 연속체로 정의하는 것, 그리고 언어활동을 다양한 변인들의 복합체로 정의하는 것을 "일반화된 반음계주의"(generalized chromaticism)(AP 97)라고 부른다. 부연 설명하면, 일반화된 반음계주의는 반음계주의적 방법을 주파수의 소리로 연장하여 포괄적이고 일반화된 방식으로 사용함을 의미한다. 그것은 소리의 색깔이나 느낌, 어조 등을 바꾸기 위해서, 혹은 다양한 종류의 음색과 어조 등을 만들기 위해서 모든 주파수의 소리를 사용해 그에 필요한 음성적 뉘앙스를 만들어 내는 방법이다(《노마디즘 1》 305). 이런 방식으로 언어활동을 포착하려는 자신의 입장을 반음계주의적 언어학이라고 지칭한다.

들뢰즈가 반음계주의적 언어학을 통해 강조하는 바는 음악과 언어활동 사이의 상응 관계를 제시하는 것이 아니라, 표현과 언표행위를 작동시키고 있는 모든 종류의 변인들을 언어활동의 외부에 배치하려는 것이고(AP 96), 음악과 언어의 경계가 무너지고 실제로 상호 이행하는 점이지대를 통해 하나의 음향적 연속체를 이루게 됨을 말하려는 것이다. 여기서 중요한 점은 비기표적인 소리의 표현능력이고, 그것이 언어활동에서 일차적이라는 사실이다. 즉 일반적인 언어학이 지배적이고 항상적이며 보편적인 것에 대한 취향을 가지고 있지만, "모든 언어는 내재적이고 연속적인 변이 속에 있다. 공시성이나 통시성은 없으며, 언어의 가변적이고 연속적인 상태로서 비공시성과 반음계주의만이 있을 뿐이다"(AP 97). 따라서 반음계주의적 언어학에서 어떤 요소들의 연속적인 변이는 새로운 구별을 야기하는 조작을 나타낸다. 이 조작은 연극 무대에서 음성과 발화와 음악과 동시적인 관계로서 적용 가능할 것이고, 지배적이고 항상적인 다수적 언어를 연속적인 변이 속에서 새롭게 생성하는 소수적 언어로 표현할 수 있을 것이다.

더불어, 랑그와 파롤로 맺어진 모든 언어적이고 음성적인 구성 요소들의 연속적인 변이는 비언어적인 구성 요소들, 즉 능동적인 행동과 수동적인 정념·몸짓·태도·대상 등에도 영향을 미친다. 왜냐하면 랑그와 파롤의 요소들을 외적인 변수들과 상호 관계를 맺지 않는 내적인 변수들로 취급할 수는 없기 때문이다. 이것들은 동일한 연속성의 흐름 속에 있다. 바로 이 동일한 운동 속에서, 언어는 언어를 구조화하는 권력 체계를 벗어나려 하고, 행동과 몸짓은 그것들을 조직하는 지배 체계나 제어 체계를 벗어나려 한다.

스타니슬라브스키(C. S. Stanislavskii)의 메소드(the Method)를 통해 이러한 언어와 몸짓의 변이를 접근한다면 그 변이의 의미를 더욱 명확하게 인지할 수 있을 것이다. 스타니슬라브스키는 배우들을 뽑는 오디션에서 '오늘밤'이라는 하나의 단어를 사용하여 서른 가지의 상이한 상황을 표현하라고 주문한다. 이 경우 서른 가지 모두 '오늘밤'이라는 동일한 기표만을 사용하게 되지만, 그 말은 음고나 음색, 어조, 표정, 몸짓 등에 의해 전혀 다른 방식으로 발화될 것이다. 이러한 요인들 때문에 같은 기표의 단순한 문장을 사람들은 다른 문장, 다른 의미로 알아듣고 이해하게 될 것이다. 또한 메소드 연기를 통해 스타니슬라브스키는 움직임의 템포와 기능이 본능적·직접적·

즉각적으로 적합한 감정을 암시할 수 있고, 우리가 연기하는 것에 실제로 생명을 줄 수 있는 감정을 창조할 수 있으며, 나아가 창조적인 기능을 움직이도록 한다고 설명한다(《역할구성》 243). 그는 이러한 신체의 움직임을 음악의 리듬과 접목하는데, 이를 통해 강하고 진실한 삶을 창조할 수 있는 템포와 리듬의 집합을 얻게 된다. 결국, 화가가 색채를 통해 다양한 색채 리듬을 표현할 수 있는 것과 마찬가지로, 우리는 모든 몸짓과 감정의 속도와 박자로 가능성 있는 다양한 표현의 조합을 얻을 수 있을 것이다.

들뢰즈는 이러한 언어와 몸짓의 탈주들의 예를 베네의 연극에서 발견한다. 그가 지적하듯이, 베네 작품은 "언어 속에 실어증과 몸짓이나 사물에 영향을 주는 방해물과 유사한 장치를 표현한다"(*Deleuze on Literature* 142). 베네의 연극에서 언어의 실어증은 "속삭이거나 더듬거리는 혹은 뭉개지는 발성법, 거의 알아들을 수 없거나 혹은 완전히 귀청을 찢는 음향"(《중첩》 148)이고, 방해물과 유사한 장치는 "움직임을 돕기보다는 오히려 거추장스럽게 하는 의상, 위치를 바꾸는 데 방해가 되는 소품, 지나치게 뻣뻣하거나 과도하게 흐느적거리는 몸짓"(《중첩》 148)이다.

이렇게 베네는 실어증과 방해의 두 원리를 이용하여, 언어와 몸짓을 연속적인 변이의 상태에 놓고, 언어와 몸짓을 서로의 관계 속에서 연속적으로 변화시키면서, 그것들의 연속적인 변주를 강조한다. 예를 들어 "추락하고 다시 일어나고 미끄러짐으로써 그 자신의 층위, 그 자신의 높이를 계속해서 벗어나는"(《중첩》 149) 리처드 3세의 몸짓은 영원토록 적극적이고 불안정한 상태에 있는 몸짓의 변이이고, 땅바닥으로 떨어졌다가 인물들의 몸 위로 다시 올라오는 의상이 배우들의 몸을 떠났다가 다시 배우들에게로 되돌아오는 것은 의상의 변이이다. 이런 방식으로 베네는 언어와 몸짓의 변이를 이용하여 선율선을 새로 만들어 냄으로써 눌변을 획득하고, 무대 위에 잠재적인 변이 능력을 가지는 소수적 인물과 소수적 집단을 구성한다.

베네가 몸짓과 언어의 연속적인 변이 과정에서 중요하게 여기는 것은 변형의 선을 따라, 변화하는 비율에 따라 몸짓과 발화를 이끌어내는 빠름과 느림의 관계이다. 베네의 연극은, 이 관계들의 변양으로 인해, 즉 속도의 변양으로 인해 모든 형태가 형식을 잃고 일그러지기 때문에 음악적으로 된다. 우리는 이러한 속도의 변양 때문에 서로 다른 시간의 지표를 획득하지 않고서는 동일한 몸짓이나 동일한 말을 두 번 되풀이할 수 없게 된다. 이러한 변형 형식의 음악적 표현은 베네 연극의 탈재현적인 표현임은 물론이다. 또한 언어와 몸짓의 변이를 통해 베네 연극이 음악과 언어의 경계가 무너지고 실제로 상호 이행하는 음향적 연속체를 만든다는 점에서, 베네 연극의 목소리는 잠재성의 힘을 구체화하는 일종의 서창(recitative, 敍唱)이 된다.

베네가 연극에서 가장 중요하게 생각하는 것이 사실을 창조하는 것과 일화를 제거하는 것이듯이, 그는 동일성의 재현이 아닌 창조적인 변이의 급작스러운 발현으로 비언어적인 세계와 언어와 몸짓의 상호 관계를 무대화한다. 이러한 연극 형식의 창조적인 작업을 통해 베네의 연극은 아무것도 재현하지 않는 것으로서 출현하게 되고, 소수적 의식을 있는 그대로 표현한다. 이것은 창조성의 정치학을 의미하는 들뢰즈의 연극의 정치학이 갖는 두 가지 측면, 즉 재현의 권력을

거부하여 새롭고 창의적인 탐색과 실험을 추구하는 것과 잠재태의
현실화로의 이행으로서 새로운 변이를 창조하는 것을 함의하는 말
이다.

# 2
## 들뢰즈의 연극론

## 1) 프롤로그

들뢰즈는 지속적으로 시와 소설과 연극에 대하여 논의하는데, 연극은 《중첩》에서 상세하게 다루어진다. 이 텍스트는 연극에 대한 들뢰즈의 유일한 담론이라는 점에서 의의가 있다. 그는 《중첩》에서 베네와 그의 연극 작품을 탐색하면서, 연극에 대한 자신의 입장을 밝힌다. 들뢰즈에 의하면, 연극의 기능은 극에서 재현되는 권력인 왕·제후·주인·체계와 연극 자체의 권력인 텍스트·대화·배우·연출가·구조 등을 제거하여 언어와 몸짓을 포함한 모든 것이 연속적인 변이로 지나가게 하는 것이다. 그는 이러한 창조적인 변이를 추구했던 작가로 베네를 예로 든다. 베네는 언어 속에 소수적 언어를 구성하고, 무대 위에 소수적 인물을 배치하며, 지배적인 주체를 가로질러 소수적 변형 집단을 구성하는 창조적인 탈주선을 만든다. 베네는 이런 방식을 권력적인 것을 빼내는 방식으로, $n$이 아닌 $n-1$을 실행하는 빼기의 연극을 창안하는데, 이것은 리좀의 특성을 가진다.

이러한 베네 연극을 바탕을 둔 들뢰즈의 연극론은 되기와 소수성의 특징을 가지고 있다. 이런 입장에서 이번 장은 배우-되기와 연극과 소수성에 대하여 논의하고자 한다.

첫째, 들뢰즈 연극론에서 나타나는 주요한 특징적 개념은 되기이다. 되기는 들뢰즈의 예술 철학에서 기본 개념이자, 들뢰즈의 철학적 사유가 집약된 개념이다. 되기는 존재가 아닌 존재 사이에서 발생하는 변화와 하나의 존재에서 다른 존재로 되는 변화를 주목하고, 끊임없이 탈영토화되고 변이하는 삶을 촉발하는 것이다. 따라서 되기의 구도에서 산다는 것은 변이와 창조를 통한 새로운 것의 탐색과 실험을 끊임없이 추구하는 것이고, 이것이 예술가의 창조적인 삶과 유사함은 물론이다.

모든 되기는 하나의 상태에 멈춰 있는 것이 아니라 이동하고 변화하기에 지각 불가능하게-되기(becoming-imperceptible)의 성질을 내포한다. 즉 되기는 지각할 수 없는 분자적인 것을, 특개적인 것을 만들어 내는 지각 불가능하게-되기를 향하여 나아간다. 또한 모든 되기가 강밀도의 연속체 혹은 영-도(zero degree) 강밀도로서의 기관 없는 신체를 향한다는 점에서, 지각 불가능하게-되기는 기관 없는 신체로 설명 가능하다. 들뢰즈는 기관 없는 신체를 단세포인 배(胚)와 연결시킨다. 기관 없는 신체는 탈기관화하고, 기관으로서 할당된 고정성을 벗어나 알로, 질료적 흐름으로 되돌아가는데, 그것을 통해 다른 종류의 기관이나 형상으로 변형될 잠재적 능력을 획득한다. 이런 의미에서 기관 없는 신체상에서 "긍정적인 절대적 탈영토화의 가능성이 존재한다"(AP 133). 들뢰즈가 강조하는 연극이 텍스트를 따라 움직이는 재현 행위가 아니라 언어와 몸짓의 변이를 통한 절대적 탈영토화라는 점에서, 연극배우는 언어와 몸짓의 탈영토화를 위해 충만한 기관 없는 신체[8]가 되어야 하고, 이를 통해 무대 위에서 지각 불가능하게-되기를 실현할 것이다.

둘째, 들뢰즈의 문학이 소수성과 결부되어 있다는 점에서 들뢰즈의 연극론은 소수적인 특징을 가진다. 여기서 소수적인 것은 창조적이고 잠재적인 생성을 의미한다. 들뢰즈가 강조하듯이, 다수성은 상수와 항상적 관계를 추출하는 방식 속에서 척도와 규범 혹은 모델의 형식으로 현재적인 상태를 유지하는 권력이고, 소수성은 연속적인 변이의 상태 속에서 새로운 변이와 생성을 통해 그 척도와 규범을 변

---

8) 들뢰즈는 본성을 달리하는 기관 없는 신체를 세 가지 상이한 형태로 구분한다. "일관성의 평면에 있는 충만한 기관 없는 신체와 지나치게 폭력적인 탈지층화에 의해 파괴된 지층의 잔해 상에 있는 텅 빈 기관 없는 신체를 구분하는 것으로는 충분하지 않다. 우리는 지층 속에서 증식을 시작하는 암적인 기관 없는 신체에 대해서도 고려해야 한다"(AP 163). 여기서 충만한 기관 없는 신체는 다양한 규정성, 다양한 양상을 가질 수 있는 기관 없는 신체이다. 욕망의 내재적 과정에 따라 다양한 규정을 가질 수 있는 잠재적 장으로서 기관 없는 신체는 다양한 가능성과 다양한 잠재성을 향해 열려 있는 신체이다. 반면 텅 빈 기관 없는 신체는 기존의 지층을 파괴해 버렸기 때문에 어떤 양상으로도 펼쳐질 능력을 갖지 못한다. 따라서 다가오는 이웃항들에게 나누어 줄 것도 없고, 다가오는 이웃항들의 이질성을 담아내고 수용할 폭이 극소화된 신체이다. 결국 안정과 평온이 아니라 파괴와 죽음에 임박한 불안과 공포에 사로잡혀 있고, 그런 만큼 이웃항들에게 불안과 공포를 줄 수 있는 신체이다. 마지막으로 암적인 기관 없는 신체는 텅 빈 신체와 달리 지층을 파괴하면서도 지층 안에 존재하며, 모든 기관을 유기체의 기관이 아니라 자신만을 위한 기관으로 대체하는 신체이다. 텅 빈 신체와 같은 무능력한 신체가 아니라 강력한 파괴 능력을 갖고 있는 부정적인 신체이고, 이웃항들을 끌어들여 자신의 일부로 만들면서 서로의 파괴 능력을 키워가는 신체이다. 바로 텅 빈 기관 없는 신체와 암적인 기관 없는 신체가 파멸과 죽음으로 이어지는 욕망이 작용하는 신체인 것이다(《노마디즘 1》 485-87).

형시키는 잠재적 변이 능력이라고 할 수 있다. 이와 같이 다수적인 것이 동질적이고 항상적인 체계이고 소수적인 것이 창조적이고 잠재적인 되기라는 점에서, 소수성은 결코 이미 만들어진 기성의 것이 아니며, 오직 전진하며 공격하는 양상을 보이는 탈주선 위에서만 구성된다.

탈주선과 본질적인 관계가 있는 소수적 문학은 작품이기보다는 글쓰기 방식이고, 언어의 용례이며, 형식이기보다는 하나의 과정이다. 들뢰즈는 연극에서 소수적 작가로 베네, 앙토냉 아르토(Antonin Artaud), 베케트, 윌슨 등을 제시한다. 연극에서 소수적 작가들이 대사·음향·몸짓·의상·소품·무대장치·조명 등을 소수적으로 사용하는 것은 소수적 글쓰기 혹은 소수적 언어의 실험을, 배우 연기의 언어 외적인 정황 속에, 여러 연극 장면 속에 확장한 것이라고 볼 수 있다. 이것은 연극의 모든 구성 요소들이 개별적 구성 요소가 분리된 대상이 이기도 하지만 지속적인 전체의 변별화된 양태로 상호작용하는 우주적 탈주선을 그리는 것이다.


## 2) 배우-되기


되기는 압제적인 기존의 담론과 제도를 탈영토화하는 창조적 가능성을 실현하기에 들뢰즈가 강조하는 문학과 깊은 관계가 있다. 들뢰즈에게서 문학은 중간지대이다. 처음과 중간과 끝이 있는 문학이 아니다. 문학은 언제나 진행중인 중간이라는 시공간에서 끊임없이 상호 관계하는 다양체이기 때문에, 리좀의 원리인 접속, 이질성, 다양성, 비의미적 단절, 지도 그리기, 그리고 전사술(decalcomania)의 특징을 가진다. 이것이 되기와 들뢰즈의 문학이 중첩하는 부분이다. 이렇게 되기의 관점으로 들뢰즈의 문학, 특히 희곡에 대하여 탐구할 수 있다는 점에서, 되기는 들뢰즈 예술론을 탐사할 수 있는 유용한 개념이다.

되기는 "존재가 아니라 존재 사이에 벌어지는, 하나의 존재에서 다른 존재로 되는 변화를 주목하고, 그러한 변화의 내재성을 주목하며, 그것을 통해 끊임없이 탈영토화되고 변이하는 삶을 촉발하는 것"(《노마디즘 2》 33)이다. 이러한 되기를 통해 들뢰즈가 주목하는 것은 존재가 아니라 생성을 사유하려 했던 사람들이었고, 서양의 주류적 사상에서 발견되는 다양한 것들 속에서 추출해 낼 수 있는 공통된 형식을 찾는 방식의 추상과, 근거 혹은 본질적 실체로서의 기원에 대한 사유와 연관된 초월성의 철학을 비판하며, 모든 형식으로부터 탈형식화하는 방식의 추상과 내재성의 철학을 하고자 했던 사람들이었고, 고체적인 안정성을 추구하던 사람들과 반대로 액체적인 유동성을 잡아내고자 했던 사람들이었다.

되기는 이렇게 자기 동일적인 어떤 상태에서 벗어나 다른 것이 되는 것이고, 어떤 확고한 것에 뿌리박거나 확실한 뿌리를 찾는 것이 아니라 거기서 벗어나는 것이다. 간단히 말해 되기는 근거를 찾는 것이 아니라 근거에서 벗어나 탈영토화되는 것이다. 이런 점에서 뿌리가 아니라 리좀을 선호하고, 정착이 아니라 유목을 강조하며, 관성이나 중력에서 벗어나는 편위를 강조하는 것은 되기와 밀접한 관계가 있다. 따라서 되기의 구도에서 사유하고 산다는 것은 영속성과 항속성, 불변, 기초, 근본 등과 같은 서양 철학의 중심적 단어들과 이별하는 것이고, 변이와 창조, 새로운 것의 탐색과 실험을 끊임없이 추구하는 것이다.

변용과 새로운 창조적 가능성을 제시하는 되기 개념은 "희곡을 정확하게 파악하고 이해함으로써 그것을 해체하고 재구성하여 자신의 작품으로 창조할 수 있는"(《역할창조》 4) 배우의 역할과 접목 가능하다. "창조적이며 예술적인 힘을 가지기 위해 배우들은 피아니스트나 화가와 다를 바 없이 매일 연습을 해야 한다"(김석만 202)라는 스타니슬라브스키의 주장처럼, 배우의 창조적인 예술적 행위는 새로운 가능성을 찾기 위해서 부단한 되기와 변용을 지향하는 노마드적 삶과 유사할 것이다. 창조적이고 예술적인 힘을 소유한 배우는 모든 몰(mole)적 선분[9]에서 벗어나서 조심스럽게 그 자체를 탈조직화하고, 무한한 창조성과 생성을 수행하는 실천적 자아인 노마드적 주체[10]일 수 있고, "새로운 것을 창조하는 활동이나 사유, 글, 움직임, 창작 등의 모든 자유로운 흐름에 상관적인 배치로 형성되고 작동되는 기계

---

9) 수목적인 경직된 선분성은 몰적인 선분성을 의미하는 반면, 리좀적인 유연한 선분성은 분자적 선분성을 의미한다. 몰적인 것과 분자적인 것의 차이는 그것이 운동하고 작동하는 양상의 차이, 그리고 각각의 준거체제가 갖는 성질의 차이이다. 준거체제를 갖는다는 것은 몰적인 것이, 해당되는 개개의 분자들에 대해 하나의 동일한 기준이 적용되고 그 기준에 공명하는 방식으로 통합되고 절단되는 그런 선분성의 선을 작동시킨다는 것이다. 반면 분자적인 것은 개개의 분자 간의 상호 작용에 의해 검은 구멍으로 빨려 들어가는 그런 방식으로 하나의 흐름을 만들어 낸다. 이런 측면에서 몰적인 것은 다수적인 것과 유사하고 분자적인 것은 소수적인 것과 유사하다고 하겠다.

인"(《노마디즘 2》 300) 전쟁기계일 수도 있다.

그렇다면 궁극적으로 되기의 과정을 통해 도달하고자 하는 지점은 어디인가? 들뢰즈가 주장하듯이, 모든 되기는 이미 분자적인 "소수자-되기"(AP 291)로서, 모든 방향에서의 접속에 대해 열려 있기에 모든 양태가 될 수 있는 구도인 일관성의 평면(plane of consistence)과, 강밀도의 연속체 혹은 연속적인 변이이고 생산적 모태인 영-도 강밀도로서의 기관 없는 신체에 도달한다.

들뢰즈의 상술처럼, 되기는 하나의 양태에서 다른 양태로의 문턱 넘기이다. 이 문턱을 넘기 위해서는 힘이 필요하며, 이런 힘을 강밀도라고 한다. 보그에 의하면, 이러한 강밀도의 가장 기본적인 경험은 무차원적인 깊이 혹은 심연의 경험이다.

이것은 내부의 결핍으로서 욕망을 경험하는 문제도 아니고, 외화할 수 있는 일종의 잉여 가치를 생산하기 위하여 쾌락을 지연시키는 문제도 아니다. 대신에 강밀한 기관 없는 신체, 도, 욕망 등은 어느 것에도 결핍하지 않는 그러므로 어떠한 외부와 초월적인 기준에 연결될 수 없는 내재성의 장을 구성하는 문제이다(AP 157).

이런 의미에서 모든 되기를 향해 열린 절대적 극한이고 모든 양태

---

10) 노마드적 주체는 기관 없는 신체의 격자를 가로지르는 순수한 강밀도의 한 점이고(*Deleuze and Guattari* 95), "최초의 전쟁기계"(AP 417)이다. 또한 우주 만물의 모든 대상들과 관계를 맺어 그 무엇 되기를 달성할 수 있는 주체이다(장시기 161). 이런 점에서 노마드적 주체는 끊임없이 변형하고 생성되는 되기의 과정 속에 있다.

가 될 수 있는 구도인 일관성의 평면과, 강밀도의 연속체 혹은 생산적 모태인 영-도 강밀도로서의 기관 없는 신체에 도달하는 것은 이미지 없는 사유, 즉 합리와 비합리의 구별을 포함하는 모든 분별지에서 벗어나 공(空)을 깨닫는 것과 비슷하기에, 무차원의 깊이 또는 영-도 강밀도는 선불교의 공(空) 개념과 비교 가능하다. 또한 일관성의 평면과 기관 없는 신체에 도달하는 것, 즉 "결코 도달할 수 없는 극한이지만 그것에 무한히 접근하는 것 등은 생성하는 자체와 절대적 흐름 자체를 보는 일인데, 이 일은 돈오(頓悟)를 통해서 가능하고, 점수(漸修)를 요구하는 것일 수도 있다"(《들뢰즈와 가타리: 포스트구조주의와 노매돌로지의 이해》 113). 결국 되기의 과정은 수행(修行)하는 실천적 과정을 함의한다고 볼 수 있다.

이렇듯 새로운 창조적 되기는 열린 극한의 과정을 통해 일관성의 평면 혹은 기관 없는 신체에 도달하고 깨달음의 극한에 이르는 것이라 말할 수 있고, 이것은 수행적인 과정이고, 지각 불가능하게-되기를 향한다. 다시 말해 모든 되기는 지각 불가능하게-되기를 향해 나아가며, 물질세계와 정신세계의 본질적인 결합을 통해 깨달음의 극한에 이르는 수행적인 몸부림이라고 볼 수 있다. 이런 과정들은 배우의 타자-되기를 위한 필수요건일 것이다. 따라서 배우는 창조 과정의 섬세한 내면 경험들을 외적으로 즉시 정확하게 전달할 수 있도록 몸과 목소리를 훈련하고 계발해야 하고, 내면적 기관과 신체적 기관을 동시에 훈련해야 한다.

또한 들뢰즈가 믿을 만한 것은 신체인 것 같다고 하며 신체에 담론을 부여하듯이(*Cinema 2: The Time-Image* 172), 배우는 몸의 연기를 통해 신체에 담론을 부여해야 한다. 배우는 신체가 유일한 정체성의 근원이라고 인식할 것이고, 자신들의 신체를 사용함으로써 신체가 갖는 자아의 의미를 보다 직접적으로 전달하려 할 것이다. 이런 의미로 무대 위에서 몸의 존재성과 행동의 구체적 형상은 배우가 절대적으로 그리고 구체적으로 드러내야 하는 연기의 당면과제이면서 동시에 목표가 되고, 배우의 몸은 필히 우주적 탈주선을 실현하기 위해 전쟁기계가 되어야 한다.

결과적으로 수행적인 과정을 통해 배우는 무대 위에서 타자-되기를 실천할 수 있을 것이고, 모든 되기의 극한인 지각 불가능하게-되기를 실현할 수도 있다. 분명 지각 불가능한 배우-되기를 실현하기 위해서 무엇보다도 중요한 것은 끊임없는 수행적인 훈련일 것이다. 다시 말해 "배우는 무용가와 음악가와 같다. 배우는 매일 자신이 연기훈련을 하기 위한 연구생이라는 생각을 가져야"(크리포드 118) 하는 것처럼, 배우가 자신만의 개성을 창조하고 유지하기 위해서 연습이 최상일 것이다. 배우에 대한 이 평범한 진리는 스타니슬라브스키의 설명에서 확연해진다.


일상적인 인간인 우리는 무대에서의 창조적인 상태를 구성하는 요소들 각각을 획득하고 발전시키고 훈련해야 하는 의무를 지니고 있다. 이것은 많은 시간과 고된 작업을 요구한다. 그렇지만 단지 재능만을 소유하고 있는 배우는 결코 천재가 아니라는 것을 잊지 말아야 한다. 반대로 재능이 부족하지만 그의 예술의 본질과 창조의 법칙을 연구하려는 의지를 가진 사람은 천재의 영역에 필적하는 영역에까지 올라갈 수 있다는 것을 잊지 말자(《역할구성》 342).


## 3) 연극과 소수성

들뢰즈는 《천 개의 고원》에서 다수적인 것과 소수적인 것을 구별하는데, 이것들은 대립적인 것처럼 보이지만, 아주 복잡한 의미들을 함축하고 있다. 살펴본 대로 다수적 양식은 대립을 이미 주어진 것으로, 그리고 특권화되고 기원적인 항에 근거를 두는 것으로 표현하고, 차이의 소수적 양식은 구별을 어떤 특권화된 항에 기초 짓지 않고, 구별을 이미 주어진 질서로 보지 않는다. 다른 말로 다수성은 상수와 항상적인 관계를 추출하는 방식으로 척도와 규범, 혹은 모델의 형식으로 현재적인 상태를 유지하는 권력이고, 소수성은 연속적인 변이의 상태 속에 놓는 방식으로 새로운 변이와 생성을 통해 그 척도와 규범을 변형시키는 잠재적 변이 능력이라고 할 수 있다. 요컨대 다수성은 보편적이고 항상적인 것의 권력에 의해 정의되며, 소수성은 잠재적인 변이의 능력에 의해 정의된다.

하지만 소수성과 다수성은 단지 양적인 차원에서 대립되는 것이 아니다. 이와 같은 사실은 여성-되기에서 분명하게 나타난다. 들뢰즈에 따르면, 여성이 남성보다 수적인 소수이기 때문에 소수적인 것이 아니라, 어떤 표준이나 규범이 존재하지 않기 때문에 소수적이라는 것이다. 반면 남자는 어린이 · 여성 · 흑인 · 농민 · 동성애자 등보다 수가 적을 때조차도 다수자임이 분명하다. 그러므로 다수성은 단지 수가 많다는 것을 의미하지 않으며, 소수성 역시 적다는 것을 의미하지 않는다.

들뢰즈는 이러한 다수성과 소수성의 구별을 통해 소수성과 되기를 연관시킨다. 다수적인 것이 동질적이고 항상적인 체계이고, 소수적인 것이 창조적이고 잠재적인 되기라는 점에서, 소수성은 "결코 이미 만들어진 기성의 것이 아니며, 오직 전진하며 공격하는 양상을 보이는 탈주선 위에서만 구성"(*Dialogues* 43)된다. 이런 의미에서 "소수자는 만인이 되는 것이며, 사람이 모델로부터 벗어나는 한에서 잠재적으로 만인이 되는 것이다. 다수적 사실이 존재하지만, 해당자가 아무도 없는 분석적 사실이며, 이것은 만인의 소수자-되기에 대립"(AP 105)된다. 이러한 만인의 소수적 되기는 소수적 의식의 보편적 형상이 존재한다. 이 형상은 연속적인 변이이고, 다수적 표준의 재현적 문턱을 계속적으로 딛고 넘는 진폭(amplitude)이다. 들뢰즈는 이와 같이 소수적인 보편적 의식의 형상을 세움으로써, 권력과 지배와는 다른 지대인 생성의 역량을 강조한다. 들뢰즈는 이 보편적 의식의 형상을 자율주의라고 지칭하는데, 이것은 "수많은 소수성의 요소를 이용하고, 그것을 결합하고 접속시킴으로써 특수하고 유례없는 자율적인 생성을 창안하는 것이다"(AP 106).

주지하듯이, 들뢰즈가 정의하는 소수적 작가란 미래도 과거도 갖지 않고, 단지 생성과 중간만을 지니는 작가이다. 즉 소수적 작가는 다른 시간, 다른 공간과 소통한다. 우리는 소수적 작가의 특징을 지니는 작가를 셰익스피어(William Shakespeare)로 접근 가능하다.

들뢰즈는 셰익스피어 작품 중에서 《리처드 3세》의 소수적 경향을 설명한다. 그는 리처드 3세를 여성-되기와 관계가 있는 전사로서 인지한다. 셰익스피어는 자신의 작품들에서 협잡꾼-왕들을 많이 다루었고, 그의 대부분의 작품에서 협잡꾼-왕들은 속임수를 써서 권력을 차지하지만 결국에는 착한 왕으로 밝혀진다. 일반적으로 권력을 잡기 위해 속임수를 쓰는 암살자인 왕이 훌륭한 왕이 되는 셰익스피어의 다른 역사극들과는 달리, 리처드 3세는 다른 곳에서 온다. 그가 벌인 일들은 국가장치보다는 차라리 전쟁기계에서 연원한다. 그래서 리처드 3세는 단순히 권력을 원하는 것이 아니라 배신을 원하고, 국가 정복이 아닌 전쟁기계의 배치를 원하는 인물이 된다.

콜브룩은 다른 입장에서 셰익스피어 작품의 소수적 특성을 분석한다. 들뢰즈에게 있어서 철학이나 문학의 역사는 텍스트들을 그 자체의 정황에 두는 것과 아무런 관계가 없을 뿐만 아니라, 셰익스피어가 엘리자베스 시대의 세계관을 반영했던 방법 혹은 그것을 옹호했던 방법을 살펴보는 것과 아무런 관계가 없다(Colebrook 62). 왜냐하면 셰익스피어의 예술은 자신의 시대를 재현하는 대응에 있는 것이 아니라, 시대를 다르게 생각할 수 있었던 창조적 역량에 있기 때문이다. 이런 관점에서 셰익스피어의 역사극은 자연적이고 신적인 진행이라는 역사 관념(notion)을 취할 뿐만 아니라, 인물들이 마치 자신들이 신인 것처럼 행동하는 또 다른 역사 관념을 도입하는 방법을 취할 수 있다.

운명, 시간 그리고 시간의 영원성을 표현하는 왕들과 통치자들(맥베드, 리처드 2세, 시저)은, 이제 시간을 연기와 생산으로 보는 사람들로 대치된다. 역사는 행위, 생산 혹은 창조가 되고, 권력은 헨리 4세와 같이 스스로를 역사적 인물들로 생산하거나 창조한 사람들에 의해 획득된다(Colebrook 62).

콜브룩이 단언하듯이, 셰익스피어의 역사극과 비극은 역사 내의 사건들을 나타내고 표현하며 옹호할 뿐만 아니라 역사에 대한 새로운 경험을 열어놓는데, 그 극들이 드러내는 것은 "시간 내의 사례들이 아니라, 연기로서의 시간, 미래로 열린 시간이다. 그것은 운명으로서가 아니라 연극으로서의 시간이다"(62). 만약 셰익스피어 연극을 반복한다면, 우리는 셰익스피어 시대와 관련된 정황에 대하여 철저하게 불신하는 자세가 필요하다. 다시 말해 우리는 셰익스피어 작품의 의미를 반복하는 것이 아니라 그의 반시대적인 역능을 반복해야 한다. 이런 점에서, 콜브룩이 카프카가 "동일성을 가진 존재로서가 아니라, 아직 주어지지 않은 도래할 민중의 목소리로서 글을 썼기에"(104) 소수적 작가라고 지적하듯이, 셰익스피어도 마찬가지로 그의 작품들이 통일된 인간 이미지나 심지어 셰익스피어라는 통일된 이미지마저도 제공하지 않기에 소수적 작가로 간주될 수 있다.

또한 셰익스피어의 작품들이 각각의 공연, 독해, 그리고 번역에서 새로운 의문들을 제기하는 의문부호들과 같다는 점에서 소수적 작품일 수 있다. 하지만 셰익스피어가 상투어, 문화, 그리고 대학의 산업이 되었을 때, 그는 다수적 작가가 되기에, 우리는 "실재적인 셰익스피어, 그의 관념들의 기원과 그의 저작들의 진정한 의미를 찾으려고 노력해야 한다"(Colebrook 105). 마치 우리 자신들이 셰익스피어가 누구인지를 몰랐던 것처럼, 그의 저작에서 해석되어야 하는 잠재적인 것을 지각하는 경우에만 그는 다시 소수적 작가가 되고, 더불어 그의 작품들을 통해 다양한 입구와 출구, 그리고 탈주선을 가지는 지도를 구성하는 연극 작품들을 창안할 때만이 그는 소수적 작가가 된다.

같은 의미에서 "문학은 문학일 수 있는 자신의 역능을 충분히 확장할 때 소수적이다. 그러므로 소수적 문학은 필연적으로 소수의 문학이지는 않지만, 위대한 문학이다"(Colebrook 104). 예를 들어 카프카가 위대한 작가인 이유는 그가 체코 민족의 재현되지 않은 정신을 포착했기 때문이 아니라, 민족이라는 표준적인 생각 없이 글을 썼기 때문이다. 하지만 이러한 민중은 세계에 대한 지배를 요청받지 않는다. 그 민중은 소수적 민중이고, 영속적으로 소수적이고 혁명적인-되기로서 파악된다. 소수적 작가가 되기의 과정에 참여할 때마다, 그 작가는 더듬거리는 글쓰기로 기호 체계 속에서 연속적인 변이의 집합적인 선을 창안하고, 소수적 민중의 목소리를 개발한다. 그것이 작가의 되기이고, 이를 통해 작가는 지각 불가능하게-되기를 실현한다.

들뢰즈는 연극에서 지각 불가능하게-되기를 실천하는 소수적 작가로 베네, 아르토, 베케트, 윌슨 등을 예로 든다. 들뢰즈의 소수적 작가와 소수적 문학에 대한 관심은 언어의 소수적 사용과 관련이 있다. 들뢰즈의 언어의 소수적 사용은 "언어 소리, 통사론과 의미론에 대한 형식적 실험을 포함하지만, 마찬가지로 그것은 언어 외적인 것으로 간주되는 요소로 확장된다"(*Deleuze on Literature* 190). 행위의 형식으로서 언어는 언어수행의 정황과 서로 얽혀져 있다. 즉 각각의 의미론적 단위는 화행의 잠재적인 연속체의 실재화이고, 모든 언어의 사용은 행동과 힘의 거대한 구조에서 발생한다. 이러한 이유로 연극은 문학 창조의 범례로서 인지될 수 있고, 연극에서 소수적 작가들의 대사 · 음향 · 몸짓 · 의상 · 소품 · 무대장치 · 조명 등의 소수적 사용은 더듬거리는 소수적 글쓰기 혹은 소수적 언어의 실험을, 배우 연기의 언어 외적인 정황 속에, 여러 연극 장면 속에 확장한 것으로 인식될 수 있다.

# 3
## 글쓰기와 창조적 가능성

## 1) 리좀적 글쓰기

리좀은 탈중심화되고, 비계층적이며 수평적인 다양성 속에서, 어떤 요소도 다른 요소들과 연결될 수 있는 개념이고, 또한 이질적 요소들의 공존과 결합을 통해 창조적인 무한한 가능성을 암시하는 개념이다. 리좀은 변이, 확장, 정복, 포획, 분기에 의해 작용한다. 리좀은 생산되고 구성되어야 하고, 언제나 분리될 수 있고 연결될 수 있고 수정될 수 있는 다양한 입구들과 출구들과 그 자체의 탈주선을 가지는 지도와 유사하다.

리좀은 나무나 나무뿌리와는 달리 자신의 어떤 지점과 다른 지점을 연결 접속한다. 리좀의 특성들은 동일한 본성을 가진 특성들과 반드시 연결되는 것은 아니다. 리좀은 아주 상이한 기호 체계들 심지어는 비-기호들의 상태들을 작동시킨다. […] 리좀은 하나로부터 파생되어 나오는 여럿도 아니고 하나가 더해지는 여럿(n+1)도 아니다. 리좀은 단위들로 이루어져 있지 않고, 차원들 또는 차라리 움직이는 방향들로 이루어져 있다. 리좀은 시작도 끝도 갖지 않고 언제나 중간을 가지며, 중간을 통해 자라고 넘쳐간다. [...] 리좀은 선들로만 이루어져 있다(AP 21).

리좀에서 중요한 것은 동물, 식물, 세계, 정치, 책, 자연물과 인공물 등과의 관계, 즉 모든 종류의 생성(혹은 되기)을 위해 열린 관계이다. 이런 리좀의 특성들은 들뢰즈가 진술하는 글쓰기의 특성이기도 하다. 왜냐하면 글쓰기는 과정적인 수행이고, 새로운 생성과 분리될 수 없기 때문이다.

뿌리라는 중심이 없을 뿐 아니라 목적도, 방향도 없이 접속하는 대상에 따라 자유롭게 변이하는 특성을 가지는 리좀처럼, 글쓰기는 탈주선과 본질적인 관계를 갖는다. 즉 글쓰기는 "탈주선을 그리는 것" (*Dialogue* 43)이고, 의미화와는 아무런 상관이 없다. 그것은 앞으로 나타날 영역들을 조사하는 것, 지도 그리기와 관련이 있는 흐름의 선이다. 글쓰기의 탈주선은 우리의 지도를 구성하듯이, 우리 자신을 구성한다. 그것은 스스로 변환되고, 하나가 다른 하나를 통과할 수도 있다. 따라서 들뢰즈가 개진하는 글쓰기는 한 지점에서 다른 지점으로 가는 선형적 구조가 아니라, 끊임없이 여럿으로 나뉘면서 지점들 사이를 지나가는 구조를 나타낸다.

이와 같은 글쓰기는 흐름이 되는 것 이외에는 다른 기능이 없다. 이 때 흐름은 다른 흐름들, 세상의 모든 소수자-되기와 합류하고, 집약적이고 순간적인 어떤 것, 창조와 파괴 사이에서 돌연변이를 생산하는 것이다. 이런 점에서 글쓰기는 리좀적이라고 할 수 있을 것이고, 들뢰즈의 글쓰기는 생성적 글쓰기를 의미함에 다름 아니며, 우리는 글쓰기를 통해 "여성이 되고, 동물 혹은 채소가 되고, 지각 불가능하게-되기라고 해도 좋을 정도까지 분자가 된다"(*Critical and Clinical* 1).

리좀적이고 생성적인 글쓰기는 흐름들의 접합접속과 변형을 실행하고, 이를 통해 삶은 개인, 사회, 그리고 체제의 원한(resentment)에서 벗어난다(*Dialogue* 50). 이런 특징을 갖는 글쓰기는 개인적인 것을 넘어서는 삶을 위한 방법이다. 그래서 글을 쓴다는 것은 체험된 경험의 재료에 표현의 형식을 부여하는 것이 아니라, 언제나 불완전한, 언제나 형성되는 중간에 있는, 그리고 어떤 체험 가능한 혹은 체험된 경험의 재료를 넘어서는 되기의 문제가 된다. 즉 체험 가능한 것뿐만 아니라 체험된 것을 횡단하는 삶의 이행이다(*Critical and Clinical* 1).

들뢰즈의 글쓰기 개념에서 중요한 것은 글쓰기가 기표와 기의의 이중적인 구조적 관계로서의 일반적인 의미화와는 무관하다는 점이다. 들뢰즈는 이것을 언어의 문체로 접근하는데, 그는 글쓰기를 언어의 더듬거림이라고 정의한다. 언어의 더듬거리기로서 들뢰즈의 글쓰기의 목적은 "언어를 진동시키는 것이고, 불균형을 유도해 내는 것이며, 언어 그 자체로부터 문법적, 통사적, 의미적 양식에 내재한 연속적인 변이선을 활성화하는 것이다"(*Deleuze on Literature* 102). 들뢰즈의 글쓰기가 일반적인 언어학과 관계가 없고, 기표와 기의의 이중적인 관계와 무관하게 진행된다는 점에서, 글쓰기의 선들은 수목적인 것에 의해 사로잡힌 언어학의 구조와는, 탈주를 가로 막기 위해 언제나 체계를 봉쇄하는 언어학의 동질적이고 보편적인 구조와 관계가 없음은 물론이다. 이러한 글쓰기는 문장에 어떤 종류의 규범과 초월적 체계와 권력의 형식이 있을 리 없고, 접속 결합하여 변이하는 기미, 곧 때에 맞는 창조적인 용법이 있을 뿐이고, 이로 인한 효과와 울림, 그리고 공명이 있을 뿐이다.

들뢰즈는 다수성을 항상성과 보편성의 권력으로 정의하고, 소수성을 변이의 역능으로 정의하는데, 더듬거리는 특성과 리좀적인 특성을 가지는 들뢰즈의 글쓰기는 소수적 글쓰기를 의미한다고 볼 수 있다. 소수적 문학이 작품이기보다는 "글쓰기 방식이고, […] 언어의 용례이며, 형식이기보다는 과정이다"(*Deleuze's Wake* 76)는 점에서 소수적 글쓰기는 소수적 문학과 밀접한 관계를 갖는다.

들뢰즈는 "문학은 정신착란"(*Critical and Clinical* 4)이라고 하며 문학의 치유적 기능을 강조한다. 이때 정신착란은 억누르고 가두는 모든 것에 저항하면서 지배에 끊임없이 저항하는 억압받는 민중을 불러낼 때 건강의 척도가 된다. 왜냐하면 문학의 궁극적인 목적은 민중을 창안하여 일종의 잠재적인 파시즘과 같은 정신착란으로부터 민중을 해방시키는 것이고 삶의 새로운 가능성을 이끌어 내는 것이기 때문이다. 이런 이유로 문학으로서, 글쓰기로서 건강은 민중을 창안하는 것과 관련이 있는 것이다. 그런데 소수적 문학 혹은 소수적 글쓰기가 직접적으로 정치적이고 집합적인 체계라면 그것의 근원적인 문제는, 진정한 되기의 주체로서의 집합성이 존재하지 않는다는 것이다. 따라서 소수적 작가는 정치적이고 지배적인 체계에서 벗어나는 민중을 개발해야 하지만, "외적으로 부여된 고유한 아이덴티티에 대하여 집합적으로 탈코드화하는 주체를 창조해야 한다"(*Deleuze's Wake* 74).

이런 입장에서 글쓰기의 이야기 꾸미기 기능은 민중을 개발하는 것으로 귀결될 수 있다. 여기서 이야기 꾸미기는 "도래할 민중의 배아"(《시네마 2》 431)라고 할 수 있는 집합적 언표를 생산하는데, 그것은 과거 민중의 신화적인 것이 아닌 도래할 민중을 창안하는 것이다. 이 이야기 꾸미기 과정은 변용적인 과정이며, 재현적인 것보다는 실재적인 것을 생산하는 생성의 과정이며, 생성의 약동 속에서 잠재적인 가능성을 타진하는 타자-되기가 수반되는 과정이다.

살펴본 대로 들뢰즈의 글쓰기 개념은 언어의 더듬거리기의 형식과 되기의 과정일 뿐만 아니라 이야기 꾸미기의 특징들을 함의한다. 첫번째 특징인 언어의 더듬거리기는 들뢰즈가 분류하는 문체의 세 가지 방식들과 이 방식들에 단초가 되는 들뢰즈의 일반 언어학 비판을 통해 설명 가능하고, 두번째 특징인 되기의 과정으로서 글쓰기는 수행적 과정으로서의 글쓰기로 접근 가능하며, 세번째 특징인 글쓰기의 이야기 꾸미기는 소수적 문학의 특징을 통해 규명할 수 있을 것이다.

## 2) 문체

뷔퐁(Buffon)의 '문체는 사람이다' 라는 정의처럼, 그는 문체를 체계와 문장의 장식이 아니라 독자에게 느껴지는 작가의 품격의 특성이라고 말한다. 앙리 베이르(Henri Beyle)의 경우 문체를 "하나의 주어진 사상에 대해서 그 사상이 당연히 나타내는 모든 효과를 나타내도록 해야 하는 적당한 모든 환경을 부여하는 것이다"(《문체론 강의》 15)라고 정의한다. 존 미들턴 머리(John Middleton Murry)는 이 정의들이 문체의 정의를 혼란스럽게 만든다고 하며, 문체를 세 가지 측면, 즉 개인의 특이성으로서의 문체, 표현기법으로서의 문체, 문학에서 최상의 성과물로서의 문체로 접근한다. 즉 그에게 있어 문체란 작자 스스로 독자의 감정·사상 또는 작가들의 체계를 정확히 전하는 언어의 특질이다(86). 이 세 가지 정의 속에서 포섭할 수 있는 공통점은 문체가 개인적 활동과 무관할 수 없는 것이며, 언어 속에 나타나는 작가의 표현 방식이라는 점일 것이다.

들뢰즈는 이런 전통적인 문체의 정의와 다르게 접근하는데, 문체를 언어의 연속적인 변이 과정으로 접근한다. 그에게 있어 문체는 "변이 속에 언어를 배치하는 과정이고, 변조이고, 또한 외부로 향하는 언어 전체의 팽창하기"(*Negotiations* 144)이며, "통사론의 질료" (163)이다. 언어의 연속적인 변이의 과정 속에서 문체는 "개인적인 심리학적 창조물이 아니라 언표행위의 배치이기 때문에, 언어 속에서 언어를 만들어 내는 것은 피할 수 없는 일이다"(AP 97). 간단히 말해 문체는 어떤 언어 속에서 언어를 만들어 내는 것이다.

들뢰즈는 문체를 조작하는 세 가지 방식을 제시한다. 첫째는 단 하나의 언어 안에서, 유일한 하나의 언어 안에서 2개 국어 사용하기이고, 둘째는 자신의 고유한 언어를 사용하면서 이방인이 되는 것이며, 셋째는 자신의 고유한 언어를 사용하면서 더듬거리지만, 파롤만이 아니라 랑그(언어) 자체를 더듬거리게 하는 것이다.

첫째, 들뢰즈의 문체 변이선의 조작은 2개 국어 사용이다. 그것은 한 언어에서 다른 언어로 이행하는 것이다. 하나는 소수적으로 사용될 수 있고, 다른 하나는 다수적으로 사용될 수 있다. 또한 두 언어가 서로 끊임없이 이행함으로써 뒤섞이는 경우와 심지어는 여러 언어나 방언의 이질적인 혼합이 있는 경우도 있다. 하지만 카프카와 베케트는 이와는 다르게 실행한다. 그들은 "언어를 탈주시키고, 언어를 마녀의 줄을 따라 경주하도록 하고, 계속적으로 불평형의 상태 속에 그것을 배치시키고, 각각의 말을 두 갈래로 나누거나 혹은 다양하게 하며, 끊임없는 변조를 추구"(*Critical and Clinical* 109)하면서, 다수적 언어 속에서 소수적 사용을 개발한다. 예를 들어 카프카는 독일어로 쓴 체코인이고, 베케트는 프랑스어로 쓴 아일랜드인이었다. 카프카는 체코 프라하에서 독일어를 사용하는 가정에서 양육되었으나, 당시 체코어를 배우는 유대인들과의 관계가 특별했다. 그 당시 프라하의 언어적 환경은 독일어와 체코어의 혼합어, 유대어에 영향을 받아 독일어화된 이디시어 등이 뒤섞여 매우 복잡했다. 이에 대해 들뢰즈는 카프카의 프라하 독일어는 정통 독일어를 사용하는 사회와 분리된 채, 체코어에 근접하면서 수많은 변용을 경험했다고 지적한다(*Deleuze on Literature* 95-96). 결국 문체의 변이로서 2개 국어 사용자가 된다는 것은 바로 단 하나의 동일한 언어 안에서이고, 변이의 이질성을 부과해야 하는 것은 바로 자신의 고유한 언어에 대해서이며, 권력과 다수성의 요소를 잘라내고 소수적으로 사용해야 하는 것은 바로 그 하나의 동일한 고유어 안에서이다.

둘째, 문체의 변이선을 조작하는 방법은 자신의 고유한 언어를 사용하면서 이방인이 되는 것이다. 이러한 이방인 되기는 작가가 표현하는 언어가 비록 모국어일지라도 항상 그 언어 속에서 작가가 이방인이 되는 것을 의미한다. 이런 작가는 문체의 첫번째 조작처럼 자신의 언어와 다른 언어를 혼합하지 않고, 자신의 언어 속에 선재하지 않는 외국어를 조각하며 작가 자신의 언어 속에서 이방인이 된다. 들뢰즈는 이러한 예로 로렌스(T. E. Lawrence)의 작품인 《지혜의 일곱 기둥 *The Seven Pillars of Wisdom*》과 클라이스트(H. von Kleist)의 희곡 작품인 《펜테질리아 *Penthesilea*》를 제시한다. 로렌스는 영어로부터 아라비아의 음악과 환영, 즉 청각과 시각적 요소들을 끌어내기 위하여 영어를 더듬거리게 했다. 그래서 로렌스의 문체는 "알갱이 같은 색다른 당김음(syncopations)"과 같은 청각적 이미지와 "태양빛에 의한 아지랑이와 신기루의 이미지, 광활하게 펼쳐진 모래와 하늘의 이미지, 풍경의 이미지"(*Deleuze on Literature* 170)와 같은 회화적인 시각적 이미지를 표현한다. 한편 클라이스트는 다수적 언어의 위대한 대변자인 괴테에게 대항하면서, 깜짝 놀랄 만한 환상과 현기증 나는 음악을 달성하기 위하여 "얼굴 찡그리기, 말실수, 외마디 지르는 소리, 비분절된 소리, 평순음의 연결, 지독한 가속과 감속"(*Critical and Clinical* 110)을 이용하여 독일어를 깨어나게 했다. 이런 결과로 클라이스트의 문체는 회화적인 시각적 이미지보다는 음악 기계에 의해 연주되는 청각적 이미지로 나타난다.

마지막으로 문체의 변이성을 가동하는 방법은 언어를 더듬거리게 하는 것이다. 여기서 들뢰즈는 파롤의 더듬거리기보다는 랑그(언어)

의 더듬거리기를 강조한다. 이러한 더듬거리기가 "고유한 문체를 형성하는 어떤 나름의 일관성을 획득할 때, 그것은 단순히 스스로 더듬거리기를 넘어서 문법적인 언어 자체를 더듬거리게 한다"(《노마디즘 1》 313). 언어를 더듬거리게 한다는 것은 언어에, 즉 언어의 음성학적·통사론적·의미론적인 모든 내부 요소에 연속적인 변이의 조작하는 것이다. 들뢰즈는 이러한 예로 게라심 루카(Gherasim Luca)의 시를 제시한다. 루마니아 출신인 루카는 프랑스어를 사용하여 더듬거리게 하며, 이 더듬거림을 랑그 차원에서 조작한다. 예컨대 '나는 너를 열렬히 사랑한다'( 'JE T'AIME PASSIONNÉMENT' )에서 "외침의 끝에 단 하나의 숨결, 소리의 마지막 덩어리를 끌어내기 위하여 전체 언어가 회전하고 변화한다"(*Critical and Clinical* 110).

> Passionné nez passionnem je
> je t'ai je t'aime je
> je je jet je t'ai jetez
> je t'aime passionnem t'aime.

이 시에 나타난 랑그의 차원에서 문체의 더듬거림은 시적인 운율과 압운뿐만 아니라 음악적인 리듬을 창안하여 모든 언어를 회전하고 변이시킨다. 이런 결과로 들뢰즈는 랑그가 이러한 강밀도에 이른 적은 없으며, 랑그가 이처럼 강밀도 높게 사용된 적은 없었다고 주장한다(《중첩》 146). 여기서 루카의 시 낭송은 언어의 더듬거림을 통해 하나의 완전하고 경이로운 연극적인 사건이 되는 듯하다.

들뢰즈는 이러한 문체의 세 가지 변이를 통해 언어를 보편성 · 항상성 · 불변성을 갖는 언어의 내적인 구조로 환원할 것이 아니라, 비언어적인 성분들을 포함하는 변이의 연속체로 다루어야 한다는 점을 강조한다. 이런 점에서 "법칙과 보편성이라는 관념을 포함하는 언어와 생활 방식 내지 상황에 따라 그 언어를 사용해 말하고 글을 쓰는 것 사이에는 근본적인 단절이 없다"(《노마디즘 1》 308)는 것은 확연한 사실이고, 문체가 보편적이고 불변적인 형식을 취하는 언어 자체를 변형시키고 변이시키는 데 매우 중요한 공격 지점이 된다. 물론 들뢰즈의 주장은 문체를 통해 특정한 어법을 새로운 문법의 층위로 승격시키고 그럼으로써 또 다른 표준 혹은 보편성의 자리를 장악하자는 것이 아니다. 들뢰즈가 문체를 통해 이야기하는 바는 보편적 형식의 언어 안에서 문체라는 형식의 변이선을 가동함으로써 새로운 표현형식, 새로운 언어들을 창안해 내는 데 있다.

언어의 더듬거리기로서 글쓰기는 연속적인 변이의 특징을 갖는다는 점에서 소수적 양식과 관련이 있다. 살펴본 대로 소수적 글쓰기의 요지는 언어를 진동시키는 것이고, 불균형을 유도해 내는 것이며, 언어 그 자체로부터 문법적, 통사적, 의미적 양식에 내재한 연속적인 변이선을 활성화하는 것이기 때문이다. 들뢰즈는 이러한 문체의 세 가지 조작 방식들을 통해 새로운 표현 형식과 새로운 언어들의 창안을 기획하고, 이 기획이 들뢰즈가 상술하는 글쓰기의 중요한 목적임은 물론이다.

## 3) 소수적 언어

  문체의 세 가지 변이로서 소수적 글쓰기는 표현적 실체이자 내용적 실체라고 볼 수 있다. 이러한 글쓰기 방식은 형식이라기보다는 과정이고, 언어의 용례라고 볼 수 있다. 그런데 들뢰즈가 전개하는 언어에 대한 이론은 기존의 언어학과는 상이한 접근을 보이는데, 그는 기존의 언어학의 공준들의 비판을 통해 연속적인 변이로서의 소수적 언어를 강조하고자 한다. 따라서 글쓰기의 내용을 구성하기 위해 배치되는 들뢰즈의 소수적 언어가 어떠한 함의를 가지는 지를 알아보는 것과 그 소수적 언어를 통해 들뢰즈가 드러내고자 하는 바를 살펴보는 것은 그의 글쓰기 개념을 파악할 수 있는 단초를 제공하는 일일 것이다.

  들뢰즈는 《천 개의 고원》 4장에서 다수적인 것과 소수적인 것을 구별한다. 이것들은 단순히 대립적인 것처럼 보이지만, 그의 모든 구별들과 마찬가지로 복잡한 의미들을 함축하고 있다. 다수성은 상수와 항상적인 관계를 추출하는 방식으로 "척도와 규범, 혹은 모델의 형식으로 현재적인 상태를 유지하는 권력"이고, 소수성은 연속적인 변이의 상태 속에 놓는 방식으로 "새로운 변이와 생성을 통해 그 척도와 규범을 변형시키는 잠재적 변이 능력"(《노마디즘 1》 323)이라고 할 수 있다. 요컨대 다수성은 항상적인 것의 권력에 의해 정의되며, 소수성은 변이의 능력에 의해 정의된다.

  이런 맥락에서 소수적 언어는 연속적인 변이를 수행하는 언어라고 할 수 있을 것이다. 이 소수적 언어의 의미는 그가 비판하는 언어학의 네 가지 공준들을 통해 분명해진다. 그는 다음의 네 가지 언어학의 공준들을 비판한다. 첫째, 언어는 정보적이고 소통적이다. 둘째, 어떤 외재적인 요인에도 호소하지 않는 언어의 추상기계가 존재한다. 셋째, 언어를 하나의 동질적 체계로 정의할 수 있게 해주는 언어의 상수 혹은 보편성이 존재한다. 넷째, 표준적 혹은 다수적 언어의 조건하에서만 언어는 과학적으로 연구될 수 있다.

첫째, 우리는 일반적으로 언어의 본질은 정보적이고 소통적이라고 생각한다. 하지만 들뢰즈에게 있어 언어의 본질은 정보적이거나 의사를 전달하고 소통하는 것이 아니라 무엇인가를 하도록 시키고 명령하는 것이다. 즉 언어는 삶이 아니라 삶에 명령과 질서를 제공한다. 명령을 통해 질서를 만들어 낸다는 점에서 언어는 통사적 특징보다는 권력의 특징을 가진다. 이러한 방식으로 언어를 다루는 화용론은 권력의 문제를 다룬다는 점에서 "언어의 정치학"(AP 82)이라고 할 수 있다.

화용론은 행동과의 관계에서 언어를 다룬다. 언어와 행동이 서로 결합한다는 것이 아니라, 언어 자체가 그것을 사용하는 활동에 의해 의미를 갖게 되며, 활동 또한 그와 관계되는 언어와 밀접하게 결부되어 있다. 들뢰즈는 이 화용론을 통해 세 가지 결과를 도출한다. 첫째, 동일한 단어와 동일한 문법적 규칙을 통해 만들어진 동일한 문장이, 가령 '나는 춥다'라는 문장이 그와 결부된 행동이나 활동 혹은 조건과 상황에 따라 다른 의미를 갖게 되기에 언어를 코드로 간주하는 것은 불가능하고, 또한 교실에서의 선생님의 말이 명령적인 의미를 내포하듯이 언어는 암묵적인 행동을 수행하기에 말을 정보의 소통으로 생각하는 것은 불가능하다. 둘째, 의미론과 통사론, 심지어 음운론도 화용론과 독립해서 존재할 수 없는 과학적 영역이다. 따라서 화용론은 언어학의 모든 다른 차원의 전제조건이 되며 모든 것에 스며들고 투여된다. 셋째, 랑그와 파롤의 구분을 유지하는 것은 불가능하다. 왜냐하면 '나는 당신을 사랑합니다'라는 연극의 대사가 주파수의 차이, 음고와 음색과 음량의 차이 등과 같은 파롤의 요소들의 차이로 인해 다양한 의미를 결정할 수 있기 때문에 파롤은 랑그에 추가되는 개별적인 편차가 아니고, 또한 랑그의 의미론과 통사론은 랑그가 전제하고 있는 파롤의 행위와 무관하게 정의될 수 없다.

둘째, 어떤 외재적인 요인에도 호소하지 않는 언어의 추상기계가 존재한다는 말은 언어학이 언어를 외재적인 요인에서 분리시켜 그 자체로 연구할 수 있다는 믿음이다. 즉 랑그는 보편적 체계로서 어떠한 외재적인 상황에도 좌우되지 않는다는 말이다. 하지만 들뢰즈는 랑그라는 추상기계에 반대하고, 언어의 내용과 표현이 모두 배치의 변수라고 하며 두번째 공준을 비판한다. 1장에서 살펴본 대로, 우리는 스타니슬라브스키의 메소드를 통해 랑그라는 추상기계가 비언어학적인 요인들을 포함하는 내용과 표현의 변수라는 사실을 인지할 수 있을 것이다. 스타니슬라브스키는 배우들을 뽑는 오디션에서 '오늘밤'이라는 하나의 단어를 사용하여 서른 가지의 상이한 상황을 표현해라고 주문한다. 이 경우 서른 가지 모두 '오늘밤'이라는 동일한 기표만을 사용하게 되지만, 그 말은 상이한 배치나 상황에 의해, 즉 음고나 음색·어조·표정 등에 의해 전혀 다른 방식으로 발화될 것이다. 이러한 요인들로 인해 동일한 기표의 단순한 문장을 사람들은 다른 문장, 다른 의미로 알아듣고 이해하게 될 것이다.

셋째, 언어학의 세번째 공준에서 언급된 언어의 상수와 보편성을 찾으려는 시도는 언어의 구조적 불변성을 찾으려는 시도와 나란히 간다. 들뢰즈는 파롤의 가변성과 개별성에 대립되는 랑그의 구조적 불변성과 보편성을 언어학의 진정한 대상이라고 본 소쉬르(F. D. Saussure)와 언어활동의 개별적인 수행성(performance)에 대립되는 인간의 공통된 보편적인 언어능력을 가정하고 그로부터 언어구조의 이항적인 수형도를 그리는 노암 촘스키(Noam Chomsky)의 비판을 통해 언어의 내재성과 연속적인 변이를 강조한다.

연속적인 변이로서 언어를 포착하는 것, 언어를 기표와 음고·음색·어조 등의 연속체로 정의하는 것, 언어활동을 다양한 변인들의 복합체로 정의하는 것, 이 모두는 들뢰즈가 '일반화된 반음계주의'라고 부르는 언어학적 추상기계로 귀착된다. 들뢰즈는 이런 방식으로 언어활동을 포착하려는 자신의 입장을 반음계주의적 언어학이라고 표현한다. 일반화된 반음계주의는 반음계주의적 방법을 주파수의 소리로 연장하여 포괄적이고 일반화된 방식으로 사용함을 의미한다. 일반화된 반음계주의가 만들어지는 것은, "반음계주의가 자신의 사슬을 풀어버릴 때를 기다려야 하고, 그때 그것은 평균율에 반하여 방향을 바꾸게 되며, 음고뿐만 아니라 지속·강도·음색·어택 등 모든 소리의 구성 요소에 영향을 미치게 된다"(AP 95)라는 설명처럼, 소리의 색깔이나 느낌, 어조 등을 바꾸기 위해서, 혹은 다양한 종류의 음색과 어조 등을 만들기 위해서 모든 주파수의 소리를 사용해 그에 필요한 음성적 뉘앙스를 만들어 내는 방법이다.

들뢰즈가 반음계주의적 언어학을 통해 강조하고 바는 비기표적인 소리의 표현능력이고, 그것이 언어활동에서 일차적이라는 점이다. 비록 일반적인 언어학이 여전히 일종의 장조이고, 일종의 온음계적 스케일이며, 지배적이고 항상적이고 보편적인 것에 대한 취향을 가지고 있지만, "모든 언어는 내재적이고 연속적인 변이 속에 있다. 공시성이나 통시성은 없으며, 언어의 가변적이고 연속적인 상태로서 비공시성과 반음계주의만이 있을 뿐이다"(AP 97). 결국 가장 추상적이고 일반적인 언어, 즉 언어학적 추상기계는 음고 · 음색 · 볼륨 · 강세 · 억양 · 속도 등의 복합체인 소리 자체를 변이시킴으로써 뜻하는 바를 표현하는 방법을 의미하고, 반음계주의적 언어학에서 어떤 요소들의 연속적인 변이는 새로운 구별을 야기하는 조작을 나타낸다.

넷째, 들뢰즈는 촘스키와 윌리엄 라보프(William Labov)의 비교를 통해 다수적 혹은 표준적인 언어라는 조건 아래에서만 언어가 과학적으로 연구될 수 있다는 점을 비판한다. 언어란 이질적인 혼합물이지만, 오직 동질적인 하위 체계와 상수를 추출해야만 과학적인 연구가 가능하다는 점에서 불변성의 형태로 보편성을 찾아내려는 시도들은 외적인 것으로 간주되는 요인들 혹은 화용론적인 요인들로부터 도피한 것이다. 이러한 불변성과 보편성을 추구하는 언어학자들은 모든 언어에 공통된 상수들을 찾아낸다. 반면 들뢰즈는 언어활동을 일반적인 방식으로 다룰 수 있는 추상기계를 변수 혹은 변인의 체계라고 보고, 그 체계를 강조한다. 이런 관점에서 들뢰즈는 언어를 상수의 체계로 다루는 촘스키와는 반대로 변인의 체계로 다루는 라보프를 주목한다.

촘스키는 영어뿐만 아니라 수많은 언어들을 다루고 있고, 영어 안에서도 흑인영어와 게토의 영어를 다루고 있지만, 그것을 언제나 그 안에 존재하는 상수들을 찾아내고 그 상수들로 언어활동을 환원하는 방식으로 다룬다. 즉 다수적 언어는 물론, 게토의 영어나 흑인영어의 체계처럼 소수적 언어를 연구할 때조차도 그것을 다루는 방식은 언제나 원칙적이고 과학적인 연구를 가능하게 만들면서, "동질적이거나 표준적인 체계를, 추상화 혹은 이념화를 위한 토대로서 동질적이거나 표준적인 체계를 그 체제로부터"(AP 93) 조각하는 방식이다. 반면 라보프는 언어의 가변적 특징에 관심을 가지고, 언어활동에 내재하는 변이를 주목하고 그것을 통해 언어활동 자체를 포착하려 한다. 그는 내재적 변이의 선들을 조명할 때, 그것들을 단지 발음이나 문체상의 자유로운 변인으로 간주하지 않고, 체계의 동질성을 손상 없이 유지하는 부적절한 특성들로도 간주하지 않는다. 또한 그는 음악가들이 '주제, 그것은 변주다' 라고 말하는 의미와 동일하게, 변이 그 자체를 체계적인 것으로 본다. 요컨대 라보프는 변이를 내부로부터 각 체계에 영향을 미치는, 각 체계를 단계적으로 만들거나 고유한 역능을 뛰어넘는, 그 체계를 고립시키거나 원칙적으로 동질화하는 것을 금하는 적법한 구성 요소로서 인지한다.

들뢰즈가 라보프의 예에서 강조하듯이, 내재적이고 연속적이며 규칙을 갖는 변이가 작용하지 않는 동질적 체계는 없다. 그리고 변이의 선은 잠재적이다. 결과적으로 변이의 선은 언표가 만드는 비약에도 불구하고 연속적으로 된다. 따라서 언표를 연속적인 변이 속에 배치하는 것은 "가장 짧은 순간에 언표에 영향을 주는 모든 운율적 · 통사론적 · 의미론적 · 음운론적인 변수들을 통해 언표를 보내는 것이다"(AP 94). 바로 이것이 언어의 소수적 사용이다. 이 연속적인 변이는 소수적 방식으로 사용되는 한에서 언어에 가장 내재적이고 본래의 창조적 가능성으로 설명되고, 이것이 바로 시각과 청각을 표현하는 언어의 연극이다.


## 4) 동일성 없는 등가

비선형적인이고 비종결적인 흐름을 가지는 리좀적 글쓰기의 특성은 하이퍼텍스트 이론들과 몇 가지 유사점을 갖는다. 하이퍼텍스트는 비연속적으로, 비선형적으로 서로 연결될 수 있는 노우디(마디)들로 구성된 전자적 텍스트이다. 소리, 그래픽, 동영상 등이 포함됨으로써 하이퍼텍스트는 학술과 교육 자료의 다각적인 정리와 수록의 수단만이 아니라, 하이퍼미디어가 되어 하이퍼픽션만이 아닌 입체적이고 역동적인 예술생산의 도구로 활용된다. 《하이퍼텍스트 2.0: 현대비평이론과 기술의 수렴》의 저자인 조지 랜도우(George P. Landow)에 따르면, 하이퍼텍스트 용어는 시오도어 넬슨(Theodor H. Nelson)이 만든 것으로, 전자적 텍스트의 형식, 근본적으로 새로운 정보 기술과 출판의 양식을 지칭한다(《하이퍼텍스트 이론》 12).

랜도우는 하이퍼텍스트와 리좀적 글쓰기의 유사성을 다음과 같이 상술한다. 첫째, 하이퍼텍스트와 리좀적 글쓰기는 어떤 지점이든 다른 어떤 지점으로 연결시켜 주며 때로는 완전히 다른 종류의 정보로 결합시키기도 하기에 인쇄텍스트의 양식으로 이해하는 범위를 넘어선다. 둘째, 양쪽 모두 직접적으로 수행과 상호 작용과 관계가 있다. 셋째, 양쪽 모두가 근본적으로 비예견성과 불연속성을 향하는 경향이 있다(65-66).

리좀적 글쓰기와 하이퍼텍스트의 세 가지 유사성을 통해 알 수 있는 사실은 두 가지 모두가 연결과 접속의 특징을 가진다는 점인데, 이것은 리좀적 글쓰기의 형식적 실체를 강조하는 측면이 있다. 하지만 리좀적 글쓰기가 과정적 글쓰기로서 생성(되기)의 특성을 함의한다는 점에서 이런 유사성을 통한 리좀적 글쓰기의 분석은 분명 한계가 있음이 드러난다. 그래서 들뢰즈의 글쓰기 개념을 통찰하기 위해서는 예술철학에서 필수적인 되기의 개념을 통해 파악하는 것이 중요할 것이다.

변용과 새로운 창조적 가능성을 제시하는 되기 개념은 창조적이고 예술적인 삶과 접목 가능하고, 새로운 가능성을 찾기 위해서 부단한 되기와 변용을 지향하는 노마드적 삶과 유사하다. 창조적이고 예술적인 힘을 표현하는 예술가는 모든 몰(mole)적 선분에서 벗어나서 조심스럽게 그 자체를 탈조직화하고, 무한한 창조성과 생성을 수행하는 실천적 자아인 노마드적 주체일 수 있고, 새로운 것을 창조하는 활동이나 사유, 글, 움직임, 창작 등의 모든 자유로운 흐름에 상관적인 배치로 형성되고 작동되는 기계인 전쟁기계일 수도 있다. 이와 같은 되기의 개념을 통해 우리는 되기의 과정이 창조적인 생산을 위한 예술가의 실천적이고 수행적인 몸부림을 함의함을 유추할 수 있을 것이다.

이런 맥락에서 되기의 과정으로서 글쓰기 개념은 무한한 가능성을 열려주는 연결과 접속의 측면뿐만 아니라 끊임없이 창조적 가능성을 구현하기 위한 실천적 측면을 함축한다고 볼 수 있다. 어떤 의미로 후자의 특징으로서 그의 글쓰기 개념은 폴 리쾨르(Paul Ricoeur)의 번역이론인 '동일성 없는 등가'(equivalence) 개념과 유사하다고 볼 수 있다. 그러므로 '동일성 없는 등가' 개념을 통해 들뢰즈의 글쓰기 개념의 수행적이고 실천적인 특징을 반추할 수 있을 것이다.

리쾨르의 '동일성 없는 등가'는 번역 불가능성에 대한 철학적 성찰이다. 번역에서의 '동일성 없는 등가'는 등가의 성립이 불가능한 번역이라 하겠다. 대개 번역 불가능성은 독창적인 작품들을 번역할 때 나타난다. 왜냐하면 작품의 독창성은 저자의 정신적 특유성에서 발생하기 때문이다. 리쾨르는 번역이 불가능해 보이는 이런 작품들을 번역하는 어려움을 잘 드러내 주는 말을 시련(épreuve)이라고 표현한다. 프랑스어로 시련이라는 단어는 감내해야 하는 고통을 의미하고 동시에 수련을 뜻한다. 번역자는 이국적인 것과 자국적인 것 사이에서 특정한 언어로 표시된 것들을 다른 언어로 의미를 전달하는 역할을 하는데, 번역자의 시련은 이 상황에서 중개자의 역할을 수행해야 하는 것에 기인한다.

로젠츠바이크(F. Rosenzweig)는 역설로서 이러한 번역자의 시련을 표현한다(리쾨르 73). 어떤 번역자든 이국인인 저자를 섬겨야 할 뿐 아니라 자신과 동일한 언어를 사용하는 독자도 섬겨야 하는 역설에 놓이게 된다. 이러한 역설은 원저자에 충실하게 도달하고자 하는 희망과 독자에 의해 원저자를 배반했다는 의혹과 같이 이중적으로 감시받는 번역에 고유한 문제에 속하는 것이다. 슐라이어마허(F. Schleiemacher)는 이러한 번역의 역설을 독자를 저자에게 데려가는 것과 저자를 독자에게 데려가는 것으로 표현한다.

리쾨르는 번역의 시련을 명확히 설명하기 위해 프로이트(S. Preud)의 애도의 작업과 회상의 작업 개념을 차용한다. 애도의 작업이란 평소에 애착과 애정을 갖던 대상이나 주변 인물을 상실한 후 이를 받아들이는 인간의 심리 내부과정의 하나인데, 이 과정의 끝에 가서는 점차적으로 이 대상으로부터 분리되어 간다. 인간 주체는 자기애적인 만족을 위해서, 새로운 대상에 리비도를 투여하는 데 집중하여 상실한 대상과 분리되기 위해 심리적으로 노력하는데, 이 노력이 애도의 작업이다. 한편 회상의 작업은 정신분석에서 저항과 더불어 이해해야 하는 개념이다. 환자들은 흔히 원하지 않는 회상으로 고통을 받는다고 하는데, 이것은 진정으로 떠오르지 못한 것, 의식화되지 못한 것이 있기 때문이다. 이 의식화를 방해하는 것이 저항이며 이것은 환자의 치료를 방해하는 모든 것이다. 따라서 치료는 심리적 외상인 트라우마를 무의식에서 불러내어 어렵게 회상해 나가며 이루어지는 작업이다. 번역 작업과 관련시켜 볼 때, "모국어를 지나치게 신성시하는 태도야 말로 일종의 저항이며, 외국어는 그 자신이 원본이기에 모든 번역어는 자신의 복제에 불과하다는 자만에 빠져서 번역 작업에 저항하는 것이다"(리쾨르 72).

프로이트의 회상의 작업과 애도의 작업은 독자와 저자, 저자와 독자를 중심으로 한 반복적 표현에 적용된다. 회상의 작업은 번역을 구성하는 모국어와 외국어 모두에 해당된다. 모국어의 입장에서 번역은 모국어를 신성시하는 경향에 도전하여 모국어의 취약한 자기 동일성을 공격하게 된다. 이 과정에서 발생하는 모국어 독자로부터의 저항을 과소평가해서는 안 된다. 이국의 언어 없이 자족할 수 있다는 자국 언어중심주의의 저항은 이국적인 것이 주는 시련을 수용 언어권에서 암묵적으로 거부하고 있음을 의미한다. 외국어의 입장에서의 저항 또한 무시할 수 없다. 번역자는 번역의 여러 단계에서 이런 저항에 부딪치는데, 먼저 번역을 착수하기도 전에 번역자는 초조하고 흥분된 순간 속에서, 번역 텍스트의 견고한 저항을 느낀다. 일단 번역이 시작되면 모국어가 보이는 번역에 대한 저항은 덜해지는 대신에, 번역자는 번역 텍스트에서 번역이 불가능해 보이는 부분들을 직면하게 될 때 외국어의 저항에 부딪치면서 번역 불가능성을 인지한다.

리쾨르는 번역 불가능성에 대해 철학의 개념어 번역에 나타나는 외국어의 저항을 예로 든다. 가령 독일어의 Vorstellung(표상/재현), Aufhreburg(지양), Dasein(현존재), Ereignis(사건/일어남/생기) 등은 고유하게 내재된 상호텍스트성들뿐만 아니라 문맥적인 상황을 가지는 텍스트성의 압축물이기에 번역자가 모국어로 번역하는데 상당히 어려운 개념들이다. 슐라이어마허 경우 번역 불가능성을 예술적 텍스트의 예로 든다. 예술 영역의 언어는 음악적 요소가 중요한 의미를 전달하고, 리듬과 음색의 변화가 탁월하고 고상한 의미를 생산하기 때문에, 번역 과정에서 예술 작품이 지니는 섬세한 정신과 고상한 매력을 상실한다는 점에서 번역 불가능성의 문제를 내포한다. 이 점이 리쾨르가 표현하는 외국어의 저항임은 물론이다. 번역 작업은 이렇게 철학서와 예술서의 번역 시 드러나는 두 가지 저항을 극복하고 이루어지는 작업이라는 점에서 분명히 회상의 작업인 것이다.

애도의 작업은 회상의 두 가지 저항을 극복하고 이루어지는 극적 지점에서 발생하게 되는데, 한편으로는 씁쓸하지만 한편으로는 소중한 보상을 얻게 된다. 이 애도의 작업은 번역에 대한 이상을 포기하는 것인데, 완벽한 번역의 이상을 포기함으로써 저자와 독자 모두를 섬기는 역설이 불가능하다는 사실을 인정하게 된다. 이러한 애도를 통해서 우리는 저자를 독자에게 데려가는 일과 독자를 저자에게 데려가는 일이 서로 어울리지 않는 임무임을 알고, 이 두 가지 임무를 수행할 수 있게 된다. 간단히 말해 저자에 충실하고자 하는 희망과 저자를 배신했다는 의심을 감내하는 용기를 가지는 것이다.

그럼 애도의 대상이 되는 완벽한 번역이란 무엇인가? 리쾨르는 이에 대해 두 가지 예를 제시한다. 첫번째는 독일 계몽주의 운동의 일환으로서 인류의 지식을 총망라한 총체적 도서관을 건설하고자 하는 코스모폴리탄적 목표이다. 이것은 번역 불가능성의 문제를 모두 제거하고, 지구상의 모든 언어의 저서들을 번역하여 보편적 도서관을 만들겠다는 것이다. 보편성을 획득하는 번역의 꿈이 실현되면 언어 간 소통의 틈새가 메워지고, 보편적 언어의 부재를 대신하게 될 것이다. 두번째는 발터 벤야민(Walter Benjamin)의 〈번역가의 과제〉에 나타난 것으로, 메시아에 대한 기다림을 언어적 차원에서 재현한 것이다. 여기서 궁극적인 목표는 순수 언어로의 도달이고, 모든 번역은 그 안에 순수 언어에 대한 메시아적 반향을 담고 있다고 보는 것이다.

리쾨르는 이러한 완벽한 번역을 통해 보편성을 회복하겠다는 야심을 비판한다. 왜냐하면 이 야심은 이국적인 것들에 대한 기억을 삭제하고 모국어의 지역을 증오하게 되며, 결국 모국어에 대한 사랑도 사라지도록 하기 때문이다. 또한 이러한 보편성의 추구는 자기 역사를 부정하게 되고 모든 사람들을 자신과 다른 이방인으로 느끼게 만들기 때문에 모두가 언어의 무국적자가 되고, 수용 언어라는 안식처를 찾기를 포기한 유배자가 될 것이다. 여기서 리쾨르가 강조하듯이, 완벽한 번역의 꿈은 번역이 상실 없는 획득이기를 바라는 데서 비롯되는데, 번역이 아무것도 상실하지 않고 획득되는 것이라고 희망하는 마음은 애도의 작업을 통해 단념해야 할 대상이라는 것이다.

이렇게 리쾨르는 완벽한 번역에 대한 희망을 애도의 작업을 통해 단념하고, 언어적 절대의 상실을 수용하면서 합치와 등가 간의 간극을 받아들이고 합치 없는 등가를 인정하라고 주장한다. 즉 자국적인 것과 이국적인 것이 하나로 환원될 수 없음을 인정하고 수용하면서, 외국어와 모국어 사이를 지속적으로 왕래하는 것이 번역 활동의 본질이라는 것이다. 리쾨르는 이러한 번역 활동의 어려움은 번역가가 '언어적 환대'라고 지칭하는 것에서 찾을 수 있다고 상술한다. 요컨대 언어적 환대, 다시 말해 이국의 언어를 모국어라는 자신의 집에 맞아들임으로써 타자의 언어를 체험하는 기쁨을 누리는 것이 완전한 합치와 등가 간의 간극을 메우겠다는 희망을 버리고서도 번역이 가능해지도록 만들 수 있다.

결과적으로 좋은 번역은 원문과 등가를 이룬다고 추정되는 번역, 즉 추정된 등가성을 의미하는 것이고, 원문과 번역문의 의미상의 동일성을 증명해서 좋은 번역이라고 말하는 것은 불가능하다. 즉 좋은 번역은 '동일성 없는 등가' 일 뿐이다. 이렇게 원문과 번역문 사이의 등가가 성립된다고 추정할 수밖에 없기 때문에, 번역물을 비판할 수 있는 유일한 방법은 기존의 번역보다 더 낫거나 혹은 차이를 발생시키는 또 하나의 추정된 번역을 제시하는 것뿐이다. 예를 들어 위대한 텍스트들의 경우 대부분이 재번역되고 있으며, 재번역된 결과물에 대해서도 지속적인 문제가 제기되고 있다. 이런 입장에서 번역은 과거 전통을 다시 읽어내고 해석함으로써 새로운 현재를 펼치는 문화적 역동성의 중요한 구성 요소로서 자리매김할 수 있을 것이다. 그리고 이는 동일성을 거부하는 탈재현적인 창조적 가능성과 차이와 반복에서 나타나는 잠재적인 생성의 창조적 역동성과 접속할 수 있는 것이고, 지속적으로 수행적이고 실천적인 글쓰기인 리좀적 글쓰기와 상응하는 점일 것이다.

## 5) 이야기 꾸미기

《도덕과 종교의 두 가지 원천 *Les deux sources de la morale et de la religion*》에서 베르그손은 이야기 꾸미기의 기원과 속성을 미신에서 찾는다. 미신은 지성적 존재인 개인을 지배하는 가상적인 믿음이지만, 집합적이고 사회적인 힘으로 인간의 심리에 개입한다(로드워 497). 이야기 꾸미기는 이러한 미신을 촉발시키는 기능을 말한다. 베르그손에 의하면, 미신을 낳는 표상들은 그 공통적인 성격이 환상적인 면인데, 환상적인 표상들을 출현시키는 작용을 이야기 꾸미기라고 부른다.

베르그손은 이야기 꾸미기를 원시적인 열등성에 구속하지 않고 원시문화로부터 현대에 이르는 종교의 큰 틀에서 바라보며, 나아가 희곡, 소설, 신화와 같은 예술적 창조의 영역을 아우른다. 그는 시와 모든 종류의 환상은, 정신이 우화를 만들 수 있다는 점에 힘입어 이야기 꾸미기 위에 덧붙여져 왔으며, 종교는 이야기 꾸미기 기능의 존재 이유였다. 즉 종교와의 관계에서 이 기능은 결과이지 원인이 아닌 것이다.

그런데 베르그손은 이야기 꾸미기를 지탱하는 종교가 문명적인 지성과는 다른 지점에서 인간의 진화에 기여한다고 보는데, 종교에 비해 이야기 꾸미기는 개인과 집단의 잠재적 본능을 일깨움으로써 생명의 약동에 접근하게 해준다.

들뢰즈는 베르그손의 이야기 꾸미기 개념을 좀 더 긍정적으로 발전시킨다. 그에게 있어 이야기 꾸미기는 소설가나 극작가로부터 특별한 생명의 강도를 갖는다. 이러한 작가들 중에서 진정 자신의 주인공에 사로잡혀 버린 사람들이 있다. 그들이 그 주인공을 이끌어간다기보다는 그 주인공에 의해 그들이 이끌려 간다. "이들이 반드시 가장 높은 가치를 갖는 작품의 저자는 아니다. 그러나 다른 사람들보다는 훌륭한 그들은 우리로 하여금, 적어도 우리들 가운데 어떤 사람에게는 자유로운 환상의 특별한 능력이 있음을 손으로 만져보게 한다"(로드윅 498).

일반적으로 문학 혹은 글쓰기는 방대한 이야기 꾸미기이다. 하지만 들뢰즈의 글쓰기가 "자신의 기억과 여행, 자신의 사랑과 슬픔, 자신의 꿈과 환상을 이야기하는 것이 아니"(*Critical and Clinical* 2)듯이, 그의 이야기 꾸미기는 자기 자신을 상상한다거나 투사하는 행위가 아니다. 요컨대 이야기 꾸미기는 사적인 일이 아니다. 그것은 주체와 객체, 그리고 개인을 넘어선 비인간적이고 집합적인 생성인 시각과 청각의 수준까지 도달하고, 세계를 드러내 보여주지도 않으며, 저자–주체를 표현하지도 않는다. "모든 언어의 극한으로 가기 위해 문학은 체험된 지각과 감정을 파괴시키는 지각소인 시각과 청각 외에는 다른 주체나 대상을 갖지 않는다"(심세광 227).

이렇듯 이야기 꾸미기는 기억과 환상과는 아무런 관련이 없다. 작가를 포함한 예술가는 체험된 경험의 지각적인 상태나 변용적인 전이를 넘어서는 생성자이다(*What is Philosophy?* 171). 즉 글쓰기를 통해 작가는 동물이 되며, 색채를 통해 지각 불가능하게 되며, 음악을 통해 강렬하게 되고, 기억의 범위를 넘어서게 되고, 동시에 동물이 되고 지각 불가능하게 된다.

이와 같은 이야기 꾸미기의 기능은 허구적 기능도 아니고 사실적 기능도 아니며, 오히려 그것은 "인물 자신이 허구화될 때, '범행을 저지르는 바로 그 현장에서' 전설화될 때, 이로 인해 자신의 고유한 민중을 창안하는 데에 이바지 할 때"(*Deleuze on Cinema* 152) 드러나는 실재적 인물 되기이다. 즉 이야기 꾸미기는 허구적인 것들의 발아적인 힘이고, 진행중인 되기의 약동 속에 과거와 미래를 포함하는 시간의 잠재력이다. 요컨대, 이야기 꾸미기의 과정은 변용적인 과정들이고, 재현하는 것보다는 실재성을 생산하는 되기의 과정이다

(*Deleuze on Cinema* 154). 가령 역사 다큐멘터리를 배경으로 하는 한 작품 속의 실재적 인물들은 자신들 조상의 과거를 허구적 이야기로 연기하고 전달하지만, 그것은 작품 제작 과정을 통해 발현하는 새로운 집단성 속에 역사적 경험들을 혼합하는 이야기이다. 이런 점에서 이야기 꾸미기는 새로운 아이덴티티를 창안하는 것이고, 도래할 "민중의 배아"(《시네마 2》 428)라고 할 수 있는 집합적 언표를 생산하는 것인데, 그것은 과거 민중의 신화적인 것이 아닌 도래할 민중에 대한 것이다.

이러한 이야기 꾸미기를 통해 작가는 자신의 인물들을 향해 한 걸음 나아가야 하고, 인물들 역시 작가를 향해 한 걸음 나아가야 한다. 이것은 이중적인 생성이다. 또한 이야기 꾸미기는 개인적인 것과 정치적인 것을 분리하는 경계를 끊임없이 뛰어넘고, 집합적 언표들을 생산하는 인물이 행동하는 발화의 행위이다. 들뢰즈가 전개하는 소수적 문학의 특징이 언어의 탈영토화, 개인적인 것과 정치적인 것의 직접적 연결, 언표행위의 집합적 배치라는 점에서, 이야기 꾸미기는 소수적 문학의 특징들을 함의한다.

들뢰즈는 소수적 문학의 개념을 《카프카: 소수적 문학을 위하여 *Kafka: Toward a Minor Literature*》에서 처음으로 논의하는데, 살펴본 대로 소수적 문학은 세 가지 특징을 가진다. 첫번째 특징은 소수적 문학의 언어는 탈영토화의 높은 계수에 의해 변용된다는 것이고, 두번째 특징은 소수적 문학에서 모든 것은 정치적이라는 것이며, 마지막으로 소수적 문학에서 모든 것은 집합적인 가치를 가진다는 것이다(*Kafka* 16).

소수적 문학의 첫번째 특징은 탈식민주의 문학에 사용되는 언어의 문제와 연관성을 가진다(*Deleuze's Wake* 68). 따라서 소수적 문학이란 "다수적 언어 속에서 만들어진 소수자의 문학"(*Kafka* 16)이고, 카프카, 베케트, 루카, 장-뤽 고다르(Jean-Luc Godard) 등이 소수적 문학의 주요 저자들이다. 이들은 정도 차이는 있지만 두 가지 언어 속에 있다. 예를 들어 독일에서 글을 쓰는 체코 태생의 유대인 카프카, 영국과 프랑스에서 동시에 글을 쓰는 아일랜드인 베케트, 루마니아 태생의 루카, 스위스 사람이 되고자 했던 고다르가 있다. 서로 연관된 두번째와 세번째의 소수적 문학의 특징은 게이, 레즈비언, 여성 문학의 검토와 밀접한 관계가 있다. 왜냐하면 소수적 문학의 이런 측면들은 "개인적인 것과 정치적인 것의 분리 불가능성과 주변화된 그룹 구성원들에 의한 불가피한 개인적 노력의 집합적 차원"(*Deleuze's Wake* 68-69)을 강조하기 때문이다. 이 세 가지 특징들은 앞에서 논의한 문체의 변이와 생성으로서의 글쓰기와 중첩되는 부분이기도 하다.

소수적 문학으로서 소수적 글쓰기가 이야기 꾸미기의 기능을 하고, 이야기 꾸미기가 언표행위의 집합적 배치를 통한 소수성의 실험화를 수행한다는 점에서, 재현과 동일성의 권력에 지배되는 문학의 언어를 탈영토화한다는 점에서, 들뢰즈가 진술하는 글쓰기는 창조성의 정치학을 함의한다고 볼 수 있다. 즉 그의 글쓰기 개념은 통례적인 사회적 흐름 속에서 동질화되고 집중화되며 표준화된 권력의 언어를 다양한 탈주선을 통해 변이시킴으로써 리좀적 글쓰기를 실현하고, 긍정적이고 창조적인 가능성을 구현하는 역할을 한다.

# 4
## 다이어그램과 창조적 가능성

## 1) 다이어그램

 그림을 그리는 것은 비가시적인 힘을 가시화하는 것이고 형상과 이미지의 시간과 리듬을 그리는 것이다. 들뢰즈가 그림 그리기에서 강조하는 바는 구상의 가능성, 진부함과 상투적 이미지를 배제하는 것이다. 그에게 있어서 빈 캔버스는 이미 수많은 통례적인 이미지로 가득 차 있기에, 그림을 그린다는 것은 그 이미지들을 제거하는 일이다. 이미 가득 차 있는 이미지를 지우는 것이 그림을 그리는 행위이기 때문에 어떤 보이는 대상을 구상적으로 재현하는 일은 그림 그리기와는 무관하다.

 화가들이 직면하는 상투적 이미지는 무엇일까? 세계는 이미 우리를 시각적인 상투적 이미지의 네트워크 속에 조직화하고 구조화한다. 그래서 우리는 실제 생활에서 살아가는 동안 구체적 이미지들인 구상에서 벗어날 수 없다. 마찬가지로 화가가 그림을 그리는 한 이러한 구상에서 완전히 벗어나는 것은 불가능해 보인다. 이렇듯 우리

주위에는 코드화된 진부한 이미지들로 가득 차 있고 그 이미지들이 우리를 포획하고 있기에, 그림을 그린다는 것은 어떤 대상을 그리는 것이 아니라, 세상 속에서 투여된 대상의 상투적 표현을 그린다고 볼 수 있다. 다른 말로 이미 빈 캔버스에 가득 차 있는 대상의 구상적 이미지를 다시 그린다고 볼 수 있다. 이런 의미에서 들뢰즈에게 있어 회화의 목표는 대상의 상투적 표현들에 대항하고, 그 표현들을 탈영토화하는 것이며, 신체와 세계 속에서 유희하는 비가시적인 힘을 가시화하는 것이다. 들뢰즈는 이를 잘 실천한 화가로 아일랜드 출신의 베이컨을 예로 든다.

베이컨은 자신의 그림 속에 고깃덩어리, 공명을 울리는 신체, 형상 혹은 신체를 고립시키는 링, 타원, 정사각형, 상자 등의 배치, 일종의 서사적 형태의 삼면화, 폭발적이고 폭력적이며 섬뜩한 분위기, 이에 반하는 단조로운 단색 바탕 화면 등을 표현한다. 또한 형체가 뒤틀린 자신의 초상화를 통하여 인간 존재의 흔적을 표현한다. 그가 가장 즐겨 사용하는 주제는 "전쟁, 독재자, 고깃덩어리였는데, 이것을 관모양의 기구, 붉은색 양탄자, 우산, 광견병에 걸린 개를 배경으로 침대에 누워있는 피투성이 인간의 형상"(스트릭랜드 288) 등으로 드러난다. 이러한 베이컨의 회화들은 "매우 구체적이고 진실하며 통찰력 있는 해석을 통해 […] 비극적 인식을 즉각적이고 격동적인 현실로 바꾸어"(피카치 7) 놓고, 또한 "낙천적인 절망"(아셍보 21)을 체현한다. 베이컨의 작품이 중요한 위치를 차지하는 까닭은, 그의 작품이 실제 인생 체험에 근거를 두고 있지만, 구체적인 실제 상황의 재현과는 무관하기 때문이다.

회화에서 베이컨이 재현을 거부하는 표현들의 탈영토성은 형상과 윤곽과 바탕의 구성이 발생하는 다이어그램을 통해 진행된다. 이 다이어그램은 힘들의 변조기로서, 회화의 구성을 안내하고 일정한 방향으로 향하게 하며 순간적으로 변하는 틀로서 기능을 한다. 그리고 그것은 무의식적 흔적들인 사건들이고 창조적 탈주선의 기원인 카오스의 지대이다.

베이컨 그림에서의 다이어그램은 얼룩 혹은 그 부분들 전체를 나타내는데, 이는 기표적이지 않고 의미 작용을 하지 않는 흔적이고, 재현 기능을 수행하지 않는 흔적이다. 들뢰즈는 퍼스의 분류에 따라 이 다이어그램을 언어적 기호 작용을 수행하는 것으로서의 상징이라는 코드적 기호와 구분한다. 베이컨이 지적하듯이, 다이어그램은 실제로 카오스이고, 질서 혹은 리듬의 근원으로서 모든 종류의 사실들의 가능성이 배치되어 있다. 이와 같이 가능성이 발아하는 카오스적인 다이어그램은 구상적인 이미지들을 형상적인 이미지들로 변모시키는 수단이다. 다시 말해 코드화된 재현의 상투적인 표현들을 붕괴시키는 근거이다.


## 2) 시각-촉각적 공간

구상은 진부함을 의미한다. 그리고 이러한 구상은 언제나 내러티브와 스토리의 여건을 제공한다. 그렇기에 진부함은 항상 극적인 것이 된다. 틀에 박힌 진부함을 제거하는 것이 그림을 그리는 행위이기는 하지만, 구상은 항상 다시 나타난다. 왜냐하면 화가가 생활하는 존재인 한 이러한 구상에서 완전하게 벗어나는 것은 불가능하고, 내러티브와 스토리에 의한 의미생성에서 벗어나서 생활한다는 것은 어렵기 때문이다.

베이컨의 회화는 다이어그램을 통해 이러한 진부함을 탈영토화하려는 지속적인 노력들을 보여준다. 들뢰즈는 근대회화의 다이어그램을 세 가지로 분석하면서 베이컨의 이러한 노력들을 강조한다. 첫째는 추상회화(abstraction)인데, 구상에서 벗어나 완전히 딴 세계를 지향하는 것이 추상회화의 작업이다. 그런데 추상회화, "그것은 심연과 카오스를 최소한도로 감소시키고"(FB 67), 그것으로 다이어그램을 하나의 코드로 대체한다. 다시 말해 추상회화는 너무나 지적인 작업에 속하는 것이고, 지적인 개념화에 감각을 복속시키는 역할을 하기에 감각의 리듬을 찾아내는 일보다는 또 다른 상투적인 개념에 도달하는 가능성이 농후하다. 그래서 베이컨은 단적인 추상회화를 지향하지 않는다. 둘째는 추상표현주의(abstract expressionism)이다. 추상회화와는 달리 추상표현주의는 심연과 카오스를 최대한도로 증대시키고, 그것으로 다이어그램을 전체 캔버스로 덮어 버린다. 이로 인해, 그것은 시각적 구성 혹은 시각적 코드의 배치가 아니라 시각적 요소 전체가 와해되어 촉각적 코드가 그림 전체를 차지하는 특징을 가진다. 따라서 추상표현주의는 추상회화와 같은 구조를 뒤집어 놓은 것에 불과하기 때문에 들뢰즈는 이 방법에 대해서도 동의하지 않는다.

베이컨은 이 두 방법 사이에서 외줄타기를 한다. 그는 추상은 너무 지적이고 주관적이며, 추상표현주의는 너무 감상적이라고 생각한다. "나는 회화를 그리는 데 대단히 규율적인 방법들을 활용하지는 않지만, 고도로 규율화된 회화를 좋아한다"(Sylvester 92). 또한 "나는 매우 정돈된 이미지를 원하지만, 그것이 우연히 발생하기를 원한다" (Sylvester 56). 이런 맥락에서 베이컨은 자신의 회화에서 다이어그램을 피하지도 않고, 그것을 전면적으로 내세우지도 않는다.

베이컨의 다이어그램에 대한 이해를 돕기 위해 시각적·촉각적 측면으로 접근하는 것이 유용하다. 먼저 시각적 측면이 강조된 추상회화의 예를 보자. 추상의 경향을 대표하는 화가인 몬드리안(P. Mondrian)의 회화에 표현되는 사각형들의 배치는 구상적인 것을 탈주한다. 몬드리안은 자연에 직선이 존재하지 않는다는 이론하에서 "자연의 재현에서 벗어나고자 하였으며, […] 조화와 질서를 예술 속에서 창조하고자 직선을 사용하기로 결정했다"(스트릭랜드 260). 하지만 몬드리안의 제한된 색채의 기하학적 그림은 다이어그램을 넘어 시각적인 순수함을 전개한다. 들뢰즈에게 있어 이 그림은 다이어그램의 우연적이고 돌발적인 발생을 억제하는 금욕적인 방식인 것이다. 따라서 다이어그램은 몬드리안의 사각형 속에 복속되어 버리고 다이어그램이 일으키던 카오스 혹은 긴장과 공명은 사각형 형태로 굳어 버린다. 앞의 지적처럼 추상은 지적인 작업으로 변하여, 다이어그램의 창조적 가능성은 하나의 코드 체계에 종속되어 버리는 것이다. 이렇게 다이어그램이 코드로 변한다는 것은 무한한 가능성의 카오스와 긴장에서 발현하는 공명을 상실한 것과 동일한 일이다. 그래서 추상회화는 촉각적인 것과 리듬적인 것이 완전히 배제되어 시각적인 것만이 존속하게 된다. 들뢰즈가 이러한 추상회화를 동의하지 않음은 물론이다.

둘째는 촉각적 측면이 강조된 추상표현주의이다. 추상표현주의는 에너지와 액션, 동적인 행위와 열광적인 상태에 중점을 둔다. 추상 표현주의를 대표하는 화가는 잭슨 폴록(Jackson Pollock)과 모리스 루이스(Morris Louis) 등을 들 수 있다. 이들은 추상회화와는 다른 경로를 따른다. 추상표현주의는 추상회화와 같이 지적인 코드화를 수행하지 않는다. 대신에 그것은 캔버스 전체를 다이어그램으로 덮어 버린다. 가령 폴록은 "이전의 틀에 박힌 방법에서 벗어나 […] 캔버스를 바닥에 놓고 물감을 뚝뚝 떨어뜨린다거나 또는 화면에 붓거나 뿌려대는 등의 방법으로 놀라운 형상을 만들어 낸다"(곰브리치 602). 〈작품 No 31〉(1950), 〈대성당〉(1947) 등과 같은 폴록의 그림에서처럼, 다이어그램은 화면 전체를 차지하여 시각적 구성 혹은 시각적 코드의 배치가 아니라 시각적인 요소 전체를 와해시킨다. 어떤 점에서 그것은 완전히 우연한 발생의 소산이다. 또한 그것은 근접 시야의 형태를 가지며 촉각적인 것에 지배를 받는다. 하지만 촉각적 코드에 복속되어 버린 추상표현주의 그림들은 세상을 새롭게 사유하고 다양한 감각 작용을 하기 위한 지속적인 노력의 수행이 결여되어 있다. 들뢰즈는 추상회화와 마찬가지로 추상표현주의를 동의하지 않는다.

셋째, 시각-촉각적 작용은 베이컨의 회화에서 표현된다. 베이컨은 다이어그램을 배제한 채, 그것을 제거해 버리지도 않고, 더불어 그것이 회화 전체에 창궐하는 것도 원하지 않는다. 이것의 좋은 예가 베이컨의 〈그림〉(1946)이다. 그 그림에서 캔버스 위쪽 절반을 덮은 갈색을 띤 분홍색 화판이 배치되어 있고, 창문 그림자과 같은 세 개의 짙은 분홍색 화판이 그 화판 위에 그려져 있다. 그 그림의 뒤쪽 배경화면은 몬드리안의 그림처럼 시각적인 측면이 강하게 부각된다. 그리고 가운데에는 기이한 남자 형상의 그림이 그려져 있는데, 그의 머리 위로 눈과 코를 그늘지게 하는 검은 우산이 펼쳐져 있다. 들뢰즈는 그 남자의 왼쪽 어깨 아래에 흐린 흑갈색 지대를 다이어그램이라고 분석한다. 그 다이어그램을 통해 손이 눈에 구속되지 않는 촉각적 방식을 표현한다. 이러한 특징을 갖는 그림은 베이컨이 형상적인 것(the figurative)이라고 지칭하는 것이고, 이를 통해 손과 눈이 함께 눈의 통제 아래 작용하는 시각-촉각적 공간을 표현한다.

## 3) 퍼스의 도상기호와 생산된 유사성

퍼스에 따르면, 우리는 인지를 통해 존재를 확인할 수 때문에 알 수 없는 생각은 존재하지 않는다. 각각의 사고가 하나의 기호라는 명제에서 모든 사고는 다른 사고를 지칭하고 규정하게 된다. 이것이 기호의 본질이다. 다른 말로 사고가 순간적으로 생산될 수 없고 시간을 요구한다는 것은 각각의 사고가 다른 사고에 의해서 해석되어야 함을 함의한다. 이는 모든 사고가 기호를 통해서 생각될 수밖에 없다는 말을 나타낸다. 이런 맥락에서 기호 개념을 발현시키는 퍼스 철학의 세 가지 핵심은 사고, 시간성, 그리고 해석 작용으로 압축될 수 있다.

살펴본 대로 회화에서 다이어그램은 의미 작용을 하지 않는, 그리고 재현 작용을 하지 않는 흔적이다. 들뢰즈는 퍼스의 분류에 따라 이 다이어그램을 대상과의 유사성에 토대를 두는 기호인 도상(icon)과 같은 부류로 파악한다. 퍼스에게서 다이어그램이란 도상기호의 하나이다. 퍼스가 도상적 기호는 주로 유사성을 통해서 대상을 재현한다고 하듯이, 도상기호 개념은 플라톤의 기호는 대상을 모방한다는 이론에 근거를 두고 있다고 할 수 있다(박연규 224). 모방이라는 용어는 닮음(likeness)이라는 말로 바꾸어 이해할 수 있는데, 여기서 중요한 점은 닮음이 관습에 의해서 규정된다는 사실이다. 다시 말해 많은 물질 이미지는 대개 관습적으로 재현 양식을 만들어 내기 때문에 도상기호에서의 닮음이 관습적인 규칙에 의해서 정해진다고 볼 수 있다. 마찬가지로 회화의 영역에서, 일반적으로 도상기호는 오랜 시대에 걸쳐 일정하게 코드화된 의미생성 규칙을 조금씩 획득하고 있다. 예를 들어 말을 그리는 데생을 할 때, 우리는 관습에 따른 학습으로 이것을 수행할 수 있을 것이다.

퍼스는 도상기호를 이미지, 다이어그램, 은유로 구분한다. 퍼스에 의하면, 이미지는 시각적인 것뿐만 아니라 소리와 냄새 등과 같은 것도 포함하는 넓은 의미에서의 이미지이다. 가령 음악에서 동일한 음도 퍼스에게는 이미지로 이해된다. 다이어그램도 일차적으로 시각적이지만 청각적이고 후각적인 것 모두를 포함하는 의미에서의 다이어그램이다. 여기서 중요한 것은 다이어그램이 이미지와 마찬가지로 유사성과 닮음에 의해 적용되지만 시공간의 물리적 닮음이 대표성을 나타낸다는 점이다.[11] 다이어그램의 시공간의 물리적 닮음은 다음의 두 방정식의 배열에서 발견된다.

$$1)\ A1x + B1y = N1$$

$$2)\ A2x + B2y = N2$$

1)번의 방정식은 x와 y 앞에 계수 A1과 B1이 있고, 2)번 방정식은 이와 유사하게 x와 y 앞에 계수 A2와 B2가 있다. 이렇게 상응하는 계수가 비슷한 철자들로서 배열될 때, 이 배열은 도상기호이다. 그런데, 다이어그램은 대상과 겉으로 보이는 모든 면이 유사한 것이 아니라, 대상의 부분과의 관계 속에서 유사성을 가지기 때문에, 비슷한 관계 속에서 유사한 수량들을 나타내는 이 두 방정식은 다이어그램의 특징을 가진다(퍼스 167). 이런 측면에서 대상과의 전체적인 유사성을 나타내는 이미지와는 달리, 다이어그램은 "구조의 유사성"(박성수 210)이라고 부를 수 있다.

들뢰즈는 이와 같은 퍼스의 다이어그램 개념을 보다 확장시킨다. 그는 퍼스가 "다이어그램을 관계들의 유사로 환원시킨다"(FB 75)라고 지적하며, 유비적 다이어그램을 개발하는 데 관심을 가진다. 그런데 유비적 다이어그램은 비유사적인 방법에 의해 생산된 유사성을 발생시킨다. 들뢰즈는 이렇게 다이어그램이 유사성 혹은 닮음과 관련이 있다고 여기지만, 그 닮음이 결코 관습적으로 규정되는 닮음을 통해 나타나는 것이 아니라, 닮음과 아무런 관련이 없는 것을 통

---

11) 퍼스는 은유를 이미지와 다이어그램을 포함하는 하이퍼 도상(hypoicon)으로 본다. 가령, 사과를 사탕 같은 과일이라고 한다면, 이는 '달다'라는 맛의 이미지와 사과와 사탕의 물리적 닮음도 유추할 수 있기에 이미지와 다이어그램을 포함한다고 볼 수 있다.

해 급작스럽게 그 닮음이 발생하게 된다고 지적한다. 즉 닮음 혹은 유사성은 생산되는 것이다.

닮음이 생산되는 예는 베이컨의 〈그림〉(1946) 작업에 대한 설명에서 확연히 드러난다. 〈그림〉의 중심은 상의 호주머니에 노란 꽃이 꽂힌 검은 정장을 입고 앉은 남성이다. 두 개의 가느다란 밴드들이 그의 발과 엉덩이를 가로지르고, 그의 머리 위에는 눈과 코를 그늘지게 하는 검은 우산이 펼쳐져 있어서, 입·아랫니·하얀 턱만이 보인다. 그의 왼손과 오른손에 두 개의 고깃덩어리가 있고, 그 위로 도살된 몸집 큰 동물, 아마도 소나 돼지의 십자형 몸통이 걸려 있다. 캔버스의 위쪽 절반을 덮는 갈색을 띤 분홍색은 끈들이 매달려 있는, 어두운 색이 칠해진 세 개의 화판에 의해 단속된다. 베이컨의 발상은 들판에 내려앉는 새를 그리는 것이었다. 그러나 베이컨은 "갑자기 내가 그렸던 선이 무엇인가를 전체적으로 다르게 암시했고, 이런 암시에서 이 그림이 생겨났다. 나는 이 그림을 그리려고 의도하지 않았다. 나는 결코 그런 방식으로 그것을 생각하지 않았다. 그것은 다른 사건 위에 올라서는 하나의 연속적인 사건과 같은 것 이었다"(Sylvester 11)라고 말한다. 새가 우산을 암시했는지를 질문받았을 때, 그는 "새가 우산을 암시했다고 나는 생각하지 않는다. 그것은 갑자기 전체 이미지를 암시했다"(Sylvester 11)고 대답한다. 베이컨의 설명처럼, 이미지의 발생은 재현의 유사성에 의해 진행되지 않고, 비유사적인 방법으로 생산된다. 이런 생산된 유사성은 무의식적인 흔적의 사건이고, 사건은 자기 형성적 활동의 경로를 밝힌다.

〈그림〉에서 새와 유사한 것은 우산-형태가 아니라 일련의 전체 혹

베이컨의 〈그림〉(1946)

은 형상의 전체이다. 가령 새 날개와 닮은 것은 고기의 앞다리들, 떨어지거나 혹은 닫히는 우산 패널들, 톱니 모양의 부리와 같은 인간의 입이다. 따라서 의도했던 새의 형태는 전체적으로 다른 관계들에 의해 대체되고, 그 관계들은 새의 유비물로서 다른 형상들을 발생시킨다. 이렇게 새의 재현적인 형태를 붕괴시키는 것과 전체적으로 다른 구성 관계들을 드러내는 것은 우연적인 다이어그램이고, 들뢰즈는 그것을 남자의 왼쪽 어깨 아래에 흐린 흑갈색 지대에서 찾아낸다. 그 다이어그램은 새를 변모시키고, 그 새를 "흐르는 고기, 잡아 채인 우산, 톱니 모양으로 자라는 이빨"(FB 101)과 같은 새로운 관계들로 대체시킨다.

이런 맥락에서 닮음과 유사성은 조작중에 해체되기도 하고 결과적으로 변형되기도 한다. 닮음이 재현되는 관계와는 전혀 다른 관계의 결과처럼 느닷없이 나타날 때, 그 닮음은 생산되는 것인데, 여기서 닮음은 전혀 닮지 않은 수단들의 산물로서 솟아오른다. 즉 닮지 않은 수단들에 의해 닮도록 한다. 이렇게 비유사적인 방법에 의해 생산된 유사성을 발생시키는 것이 유비적 다이어그램이다. 이것은 "지각과 감응의 복합체"(AT 164)인 감각에 의해 생산되는 것이다. "애당초의 닮음도 없고 미리 전제된 코드도 없는 이 중간적인 유형의 기호가 바로 구상적인 것도 아니고 지적인 코드에 따라 구축된 것도 아닌 미적인 새로움을 낳는 것이다"(박성수 211). 간단히 말해 다이어그램은 비유사적인 자기 형성적 형상이 발생하는 지대로서 창조적 가능성이 배치되어 있는 곳이고, 회화에서의 창조적 탈주선을 위한 근원이다.


## 4) 변조기

들뢰즈에게 있어 다이어그램은 힘들의 변조이다. 들뢰즈는 변조 개념을 질베르 시몽동(Gilbert Simondon)에게서 차용한다. 시몽동은 《개체와 그것의 물리-생물학적 기원 *L'Individu et sa genèse physico-bilogique*》에서 플라톤에서부터 20세기까지 생물학에 대해 검토하는데, 그는 질료와 형상의 모델을 벗어나려는 수단으로 변조 개념을 개발한다.

특히 변조는 아리스토텔레스의 질료-형상 모델에 기원을 둔다. 거푸집에 찰흙을 넣어 벽돌을 제작할 때, 찰흙은 질료에 해당하고 거푸집은 형상에 해당한다. 전통적인 철학과 미학적인 입장은 형상을 우위에 두어 고정적인 것으로 취급하고, 질료를 형상에 의해 가공되는 안정적이고 동질적인 것으로 취급하였다. 그러나 시몽동가 지적하듯이, 질료는 형상에 구속되는 정태적이고 수동적인 대상이 아니라 형상과 능동적으로 소통하는 준-안정적 물질이고, 잠재적 에너지(potential energy)를 보유한다.

시몽동은 3극 진공관의 전자 이론을 적용하여 변조 개념을 설명한다. 3극 진공관은 음극과 양극과 제어 그리드로 구성되는데, 여기서 제어 그리드는 양극과 음극 사이에 있는 그물 모양의 전극으로, 전압 변화를 통해 관의 전하를 변경함으로써 전자의 양을 제어하는 장치이다. 시몽동은 제어 그리드 전극을 전압이 높아지거나 낮아짐에 따라 영속적으로 변하는 주형(거푸집)으로 간주한다. 그런데 3극 진공관에서 전자의 주형은 벽돌 제작에서의 주조와 주물탈사를 연속적으로 수행한다. 즉 3극 진공관의 전자의 주형은 연속적이고 일시적인 주형인 것이다. 시몽동은 이러한 일시적인 주형을 변조라고 지칭한다. 요컨대 주형은 일정한 방식으로 변조하는 것이고, 변조는 영속적으로, 가변적이고 연속적인 방식으로 주형화하는 것이다.

이를 통해 시몽동은 형상과 질료의 상호 작용하는 이행에 주목한다. 이는 그의 생물학에 대한 논의를 통해 더욱 분명해진다. 시몽동은 개체화의 생성을 하나의 극장으로서, 즉 "유기체와 그 바깥의 관계를 통해 물리적으로 가능한 것에는 미리 수집된 의미가 존재할 수 없는 극장으로서 해석했다"(피어슨 179). 이는 개체화가 단순한 기능주의로 환원될 수 없음을 의미한다. 이런 개체화의 과정은 벽돌 제작에서의 질료-형상 과정과는 거리가 멀다. 시몽동은 생명체는 환경과의 상호 작용을 통해 내적인 공명을 누린다고 하는데, 이것은 생명체란 결코 수동적으로 적응하는 존재가 아님을 뜻한다. 이 내적인 공명은 생성의 전제조건으로서 준안정성의 항구적인 소통과 지속을 필요로 한다.

이렇게 시몽동은 형상과 질료를 개별적인 항으로 간주하지 않고, 형상과 질료의 상호적인 결정화 과정으로서 변조의 개념을 제시한다. 이와 같은 시몽동의 질료-형상 도식에 대한 비판은 형상과 질료 사이에 중간체의 지대와 중간생성물(intermediate)의 차원이 존재한다는 것을 의미한다. 우리는 변조를 통해 형상과 질료를, 서로를 가로지르는 매개적인 항으로 간주할 수 있다. 이 매개적인 지대는 "특이성과 표현의 특질들을 가지면서 운동하고 흐르는 변화하는 물질"(로드윅 482)의 지대이고, 이 물질은 개체화할 수 있는 잠재적 에너지인 강밀도를 갖는다.[12] 잠재적 에너지로서 강밀도는 무정형적이고 비물질적인 에너지를 가지는 카오스의 힘이고, 무차원적인 깊이의 질을 생성한다.

일종의 힘들의 변조인 베이컨 그림에서의 다이어그램은 일시적이

---

12) 중간생성물의 차원인 매개적인 지대가 잠재적 에너지를 갖는다는 것은 화학반응의 예에서 알 수 있다. 화학반응에서 중간생성물은 반응이 일어나는 동안에 형성되는 것이고, 최종생성물을 향해 진행하는 것이기에 고유한 잠재적 에너지를 보유한다(Fessenden 198).

고 가변적이며 연속적인 주형의 의미로 이해될 수 있다. 변조로서 다이어그램은 비유사적인 방법에 의해 생산된 유사성이기에 비코드화되고 변용적인 유비적 언어로서 고유한 질서에 따라 구조화된다. 이것은 아날로그 신시사이저의 개념을 통해 명확해진다.

아날로그 신시사이저는 기본적으로 전자 회로 모듈(module)을 구성하고, 그 전자 회로 모듈에서 전하는 생산된 음파들의 주파수와 진폭을 변화시키기 위하여 조작되는 발진기(oscillators)를 통해 흐른다. 그러므로 일정한 소리에서 직접적으로 발생하는 연속적이고 현재적이고 감지 가능한 전자 충격(impulse)이 현존한다. 아날로그 신시사이저는 소리를 0과 1로 코드화하고 통합하는 디지털 신시사이저의 배치에 의해서라기보다는 독립적인 모듈(발진기)에 의해 기능한다는 점에서 통합적이기보다는 모듈적이고, 또한 변조의 원리에 의해 작동한다는 점에서 변조적이다. 이러한 아날로그 신시사이저는 잡다한 것들을 재료 속에서 하나로 묶으며, 매개 변수들을 하나의 방식에서 다른 방식으로 이동시키면서 바꾼다.

회화의 유비적 다이어그램은 아날로그 신시사이저처럼 이질적인 요소들을 즉각적으로 접속시키고, 그 무한한 접속 가능성을 요소들 사이에, 모든 모멘트들이 현재적이고 감지 가능한 현존의 장(場) 속에 펼친다. 베이컨의 다이어그램은 일종의 시각적 신시사이저로서 일시적이고 가변적이고 연속적인 변조의 비유사적 방법에 의해 생산된 유사성들이 발생하는 지대이다. 이런 의미로 다이어그램은 유비적 언어이고, 비코드화되고 변용적이지만, 감각의 전달과 유지가 가능한 틀(뼈대) 혹은 세잔이 말하는 '완고한 기하학'(stubborn geometry)이 드

러나는 자체의 고유한 질서에 따라 구조화된다. 분명 다이어그램의
이러한 특징은 재료와 힘의 종합이지, 형상과 질료의 종합은 아닌 것
이다.


## 5) 사실의 잔혹성

베이컨은 자신이 코드화된 재현이라고 말하는 일러스트레이션
(illustration) 혹은 시각적 내러티브를 피하고, 강밀한 감각을 신경에
부여하기 위한 욕망을 표현한다. 다시 말해 그는 자신의 작품이 서
사적으로 우회하지 않고 직접적으로 신경에 작용하기를 바란다. 회
화가 신경과 접촉할 때 그것은 베이컨이 '사실'이라고 명명하는 것
을 나타낸다. 베이컨은 내적 상태를 표현하는 것보다는 이미지의 힘
을 끌어들이려고 하기 때문에 '사실'이라는 용어는 감각의 주관적
인 본성에 대립되는 객관적인 본성을 강조한다. 그래서 베이컨의 설
명처럼, "일러스트레이션 형식은 지성을 통해 직접적으로 당신에게
형식이 무엇에 대한 것인지를 말하고, 반면 비–일러스트레이션 형
식은 먼저 감각에 작동하고, 그 다음 천천히 사실로 다시 새어 나간
다"(Sylvester 56).

베이컨이 "사실의 신비는 비이성적인 흔적으로 만들어진 이미지의
존재에 의해 전달된다"(Sylvester 58)라고 단언하듯이, 사실은 의도적
으로나 의식적으로 표현될 수 없다. 만약 이미지의 형성이 비이성적
으로 행해진다면, 그것은 의식적으로 이미지를 표현하는 것보다 한

층 더 강하게 이미지가 신경 체계로 다가올 것이다. 그래서 그의 노력은 그리는 동안 발생하는 사건들을 이용하는 것이고, 그것에 따라 사실을 포착하기 위해 덫을 설치하는 것이다. 살펴본 대로 이러한 이미지의 포착을 〈그림〉(1946)에서 실행한다. 이런 방식에서 이미지의 발생은 재현의 유사성으로 진행되지 않고, 사건은 자기 형성적 활동의 경로를 밝힌다. 베이컨이 하나의 주제를 그리는 동안 사용하는 무의식적 흔적, 간헐적으로 붓·누더기·스펀지를 이용한 휘둘러 치기, 산발적인 물감의 반점, 테레빈 튀기기 등은 이미지의 의지화된 분절을 깨뜨리는 방식이다. "그 결과, 말하자면 나의 구성이 아닌 그 자체의 구성 속에서 자발적으로 이미지가 생성될 것이다"(Sylvester 160). 이 과정의 결과로 이미지는 이미 착상된 계획에 따라 개발되지 않는다.

자기 형성적 활동에 의한 선은 다양한 가능성이 제거되어 하나의 가능성이 현재화되고, 하나의 발생 경로가 실재화되는 예측 불가능한 필연성의 경로를 펼친다. 이런 점에서 "무의식적인 흔적은 사건이고, 창조의 우주선(宇宙線)의 기원을 소개하는 파울 클레(Paul Klee)의 회색 점과 같은 카오스의 우발적인 모멘트이다"(Music 123). 이러한 흔적이 다이어그램이다. 들뢰즈가 다이어그램이란 사실의 가능성이라고 정의하듯이, 다이어그램에는 모든 사실의 가능성이 배치되어 있다. 베이컨은 이것에 대해 "당신이 초상화를 생각한다면, 당신은 아마도 동시에 입을 어딘가에 배치시킨다. 그러나 갑자기 이런 그래프를 통해 그 입이 얼굴을 횡단하여 올바르게 작용할 수 있다는 것을 인지한다. 그리고 어느 정도 당신은 초상화에서 외관(외관을 아주 유사하게 만들지만, 사하라 사막과는 차이를 가지는 외관)을 사하라로 만들 수 있음을 사랑할 것이다"(Sylvester 56)라고 설명한다. 이러한 비이성적이고 무의식적이며 우연적인 흔적은 기표적이지 않고, 또한 의미 작용도 하지 않는다. 그것은 비기표적이고, 형상화의 시각적 세계에 다른 세계가 침입한 것이며, "다른 세계의 발현"(FB 82)이다. 즉 다이어그램은 얼룩과 붓놀림 흔적, 선과 지대가 작용하는 총체로서 "실제로 카오스이고, 격변이며, 질서 혹은 리듬의 씨앗"(FB 83)이다.

예를 들어 〈그림〉(1946)에서 벌어진 입에서 펼쳐지는 사하라 사막과 우산에 덮인 사람에게 발생하는 내려앉는 새와 같은 베이컨의 발아적인 카오스의 다이어그램은 구상적 이미지를 형상적 이미지로 변모시키는 수단이다. "나의 의도는 외관을 넘어서 사물을 현격히 뒤틀리게 하는 것이다. 그러나 그 뒤틀림을 외관의 등록으로 되돌리는 것이다"(Sylvester 40). 들뢰즈는 그 외관의 등록을 기관 없는 신체와 연결시킨다.

들뢰즈는 기관 없는 신체 개념을 아르토에게서 받아들인다. 아르토가 "신체는 신체 덩어리이다/그것은 홀로이다/그리고 기관들을 가질 필요가 없다/신체는 결코 유기체가 아니다/유기체들은 신체의 적들이다"(FB 39)라고 지적하듯이, 기관 없는 신체는 기관에 반대한다기보다는 유기체라고 부르는 기관들의 유기적 구성에 반대하는 것이다.

들뢰즈가 기관들의 유기적 구성에 반대하는 이유는 유기적 구성이 히스테리 증상을 야기하기 때문이다. 베이컨의 회화에는 종종 근육

위축, 마비, 과민반응 감각상실 등의 전형적인 히스테리 증상을 보여주는 형상들이 등장하는데, 문명의 과잉이 자연적 신체에 발작을 불러일으키듯이, 감각이 기관의 분화를 마친 유기체를 통과하여 신체와 접속할 때 히스테리가 발생한다. 다시 말해 "신체는 전적으로 살아 있지만 유기적이지 않다. 따라서 감각이 유기체를 통해 신체와 접하면, 감각은 과도하고 발작적인 모습을 띤다"(진중권 208).

들뢰즈의 기관 없는 신체는 단세포인 배와 연결된다. 배의 준-안정적 에너지 운동은 세포 분할을 위한 흐름이고, 그 흐름은 어느 하나의 기관을 고정하지 않고, 변이적인 기능들을 가지고 일시적으로 변하는 잠정적인 기관을 결정한다. 즉 기관 없는 신체는 "흐름의 연속체이고, 흐름이 집중되고 분산되는 장이며, 그 집중과 분산의 양상, 그 집중의 강밀도에 따라 그때그때 다른 기관, 다른 기계가 만들어지기도 하고 사라지기도 하는 장이고, 욕망하는 기계들이 만들어지고 변형되는 터전이며, 욕망하는 기계들의 생산에 사용되는 질료이고, 질료의 흐름"(《노마디즘 1》 135)이다.

베이컨 그림 속에 돌발 흔적으로서 사실의 잔혹성에 의해 표현되는 인간 신체들은 기관 없는 신체의 특징을 가진다. 그가 그린 형상에는 기관들의 분화가 없다. 얼굴에는 눈, 코, 귀, 입의 구별이 사라지고, 신체에서는 사지가 탈구되고 가슴과 배의 구별이 사라진다. 또한 그가 그린 더렵혀진 눈썹은 새 날개, 비틀어진 코는 돼지의 코, 깊이 배인 웃음은 개의 주둥이를 닮은 듯하다. 이러한 동물적 특성들은 인간과 동물 사이의 식별 불가능성과 결정 불가능성의 지대를 드러낸다. 이 지대는 힘의 진동이 만나는 위치이고, 다양한 잠재적 변이가 발생하는 곳이다.

가령 삼면화인 〈자화상을 위한 세 연구〉(1967)와 〈조명 아래 조르주 다이어의 초상을 위한 세 연구〉(1964)에서 기관 없는 신체의 잠재적 변이를 인지할 수 있다. 이 그림들에서 세 개로 변형된 얼굴 형상의 상이한 경로는 탈지층화를 통해 새로운 종류의 얼굴, 새로운 종류의 형상을 획득할 수 있음을 보여준다. 탈기관화하는 것, 기관으로서 할당된 고정성을 벗어나는 알로, 질료적 흐름으로 되돌아가는 것, 그것을 통해 다른 종류의 기관이나 형상으로 변형될 잠재적 능력을 획득하는 것이 기관 없는 신체의 주요한 목표가 될 수 있다. 간단히 말해 자기 형성적인 흔적으로서의 다이어그램을 이용한 베이컨의 이러한 신체 변용은 기관 없는 신체의 잠정적인 기관처럼 어떤 확정되지 않은 잠재적인 미지의 형상을 향하지만 비가시적인 힘을 가시화하면서 확인 가능한 실재를 만드는 과정이다.


## 6) 힘

베이컨의 인간 신체 변용은 잠정적인 기관으로서 힘의 진동이 발생하는 흐름이고, 그 흐름 속에서 잠재적 에너지가 활성화되어 비가시적인 힘을 가시화하는 표현이다. 살펴본 대로 잠재적 에너지는 강밀도를 가지는데, 강밀도의 종합은 "생명의 역능"(vital power)(FB 7)과 관련이 있다. 이 생명의 역능은 모든 감각 기관들을 횡단하고 가로지른다. 이것은 리듬이고 시각과 청각을 넘나드는 더욱 심오한 요소로서 역할을 한다. 리듬은 음악에서는 청각적 요소로 회화에서는 시각적 요소로 나타난다. 리듬은 수축하고 확장하면서 주위의 닫힌 계 속에 우리를 포획할 뿐만 아니라 세계를 향해 펼쳐지고, 세계를 펼친다.

들뢰즈가 리듬을 통해 의도하는 바는 베이컨 회화를 구성하는 다양한 힘들에 대한 분석에서 드러난다. 들뢰즈는 베이컨 회화 구도를 세 가지로 구분하는 데, 첫째, 평면성을 강조하는 평평하고 단색 바탕의 구조, 둘째, 형상을 고립시키는 원, 링, 사각형, 입방체로 이루어진 윤곽, 마지막으로 인물 혹은 동물 같은 모습을 취하는 고립된 형태인 형상으로 분류한다. 단색 바탕의 구조, 윤곽, 그리고 형상은 세 가지 운동을 촉발시키며 다른 세 가지 힘들을 구체화한다.

첫번째 힘은 형상의 변형(혹은 데포르마시옹, deformation)의 힘이다.[13] 베이컨 그림의 형상은 인물이기도 하고 동물이기도 한 형태를 취한다. 여기서 형상은 어떤 특정한 형태의 인물과 인지 가능한 형태의 인물이 아니기에 다른 무엇인가 혹은 누군가를 모방하여 재현하는 것이 아니다. 형상은 단세포인 배에서 잠정적인 기관이 출현하듯이, 사실의 잔혹성을 통해 구현된다. 그것은 자체적으로 경련적인 운동이 발생하고, 앞에서 언급한 변조처럼 영속적이고 가변적인 방식으로 주형화하는 흐름을 표현한다. 이러한 형상의 운동과 흐름이 변형 혹은 데포르마시옹의 힘이다. 이 힘은 형상의 신체와 머리를 제어하고, 머리 혹은 신체가 흔들릴 때 가시화된다. 베이컨은 이 힘을

---

13) 들뢰즈는 데포르마시옹(deformation)은 변형과 탈구성이 아니라 힘의 지대라고 한다. 따라서 deformation은 변조 개념을 함의하는 변형이라고 하겠다.

통해 인간인지 동물인지 식별 불가능한 인물의 동물-되기를 표현하고, 유연한 살이 흘러내리지 않게 하고, 그 살을 뼈대(혹은 골격)에서 횡단하여 포획할 수 있도록 만든다. 다시 말해 변형의 힘은 가단적(可鍛的)인 살을 펼치며 유희하게 하지만 틀로서 주형화하며 변조를 행한다.

두번째 힘은 고립의 힘이다. 이 힘은 형상을 고립시키는 윤곽 주위로 굽이치는 경향과 형상에 밀고 들어가는 경향으로서 단색 바탕에서 형상까지 흐르는 운동이다. 단색 바탕을 통한 공간 구성은 "무제한적인 화면 공간을 제한했고, 현실 세계와의 연관성을 차단했으며, 이미지가 외부세계 속으로 침윤되어 외부세계를 재현하는 것을 방지했다"(피카치 40). 따라서 고립의 힘은 어떤 내러티브적 연상과 코드화된 재현의 일러스트레이션적인 연상에서 형상을 차단하는 역할을 한다. 또한 단색 바탕에서 형상을 고립시키는 힘은 인물 혹은 형상을 좀 더 확고하게 부각시키는 역할을 하게 된다. 이렇게 형상이 넓은 바탕 공간 속에 길 잃은 사람처럼 배치되기 때문에 지배적인 힘들에 에워싸여 있는 연약한 존재로 나타나기도 한다.

하지만 고립의 힘을 통한 형상의 단절은 세번째 힘인 분산의 힘을 통해 탈주의 흐름을 향하게 된다. 이 힘은 형상이 형상 자체를 벗어나서, 혹은 신체의 한 기관이 형상을 달아나서 단색 바탕에 재결합하는 운동이다. 간단히 말해 분산의 힘은 형상에서 바탕으로 달아나려는 힘이다. 예를 들어 〈세면대의 형상〉(1976)에서 마치 구토하는 듯한 인물이 자신의 외부로 나가서 세면대 배수구로 탈주하려는 것처럼 세면대 위로 몸을 구부린다. 또한 〈벨라스케스의 "교황 인노켄

티우스 10세의 초상"에서 출발한 습작〉(1953)과 같이 비명을 지르는 교황에 관한 여러 그림들에서 히스테리적이고 경련적인 신체는 입을 통해 자신을 달아나고 비우며, 외부로의 탈주를 실행한다. 이런 예들은 바탕과 결합하기 위하여 신체 기관들 중 어느 한 기관을 통해 달아나려는 힘을 표현한 것이다.

이 세 가지 힘들은 리듬적 양식의 리토르넬로(반복구)[14]의 세 가지 측면과 유사하다. 들뢰즈는 리토르넬로가 발생하는 기본적인 방식을 나타내기 위하여 세 가지 예를 제시한다(AT 311-12). 첫째, 어둠 속에서 두려워하는 한 아이는 그 자신을 안심시키기 위해 노래를 부르고, 그러한 행동에서 카오스 가운데 안정된 상태, 즉 비차원적인 공간에서 질서의 장소를 설정한다. 둘째, 고양이 한 마리가 집의 모퉁이, 뜰의 나무, 그리고 덤불에 방사하고, 그것으로 자기의 영토임을 주장하는 차원적인 지역의 경계를 정한다. 셋째, 새는 새벽녘에 즉흥적인 아리아를 부르고, 다른 환경과 우주 전체로 자신의 영토를 펼친다. 요컨대 안정성의 점, 소유지의 순환, 외부로의 열림이 리토르넬로의 세 가지 측면이다. 안정성의 점은 방향적 성분으로서 방향을 표시하는 성분이다. 그것은 출생과 같은 영토적인 기원을 담고 있는 성분이다. 소유지의 순환은 차원적 성분으로서 자기 나름의 표현적인 질서를 구성하는 성분이다. 외부로의 열림은 이행적 성분으

---

14) 변형되면서 반복되는 A의 계열들(A, A', A'', A''')을 리토르넬로라고 한다. 말 그대로 반복구이다. 그런데 반복구가 단순한 후렴과 다른 것은 동일하게 반복되지 않는다는 점, 즉 A, A', A'' […] 등과 같이 상이하게 반복된다는 것이다. 동일한 것의 반복이 아니라 차이의 반복이라는 것이다. 요컨대 반복구란 차이가 나는 반복이 변형된 개념이다.

로서 하나의 배치에서 다른 배치로 이행하게 하는 성분이다. 변형의 힘은 안정성의 점인 방향적 성분과, 고립의 힘은 소유지의 순환인 차원적 성분과, 분산의 힘은 외부로의 열림인 이행적 성분과 일치한다. 즉 리토르넬로가 우주적 탈주선을 펼치듯, 베이컨 회화 속에 발현하는 세 가지 힘도 우주적 탈주선을 그린다.

베이컨의 회화에는 이 세 가지 힘들뿐만 아니라 윤곽과 단색 바탕의 구조, 그리고 형상의 요소들을 넘어서는 또 다른 힘들이 유희한다. 그것들은 결합(coupling)의 힘과 분리(separation)의 힘이다. 결합의 힘은 두 남자가 엉켜 있는 상태를 그린 〈두 형상〉(1953)에서처럼 한 쌍으로 표현된 두 형상의 결합 속에서 드러난다. 한 쌍에서 각 형상은 고유한 운동과 고유한 리듬적 진동을 가지는데, 우리는 서로 마주치는 두 형상 속에서 진동의 공명을 직면한다. 이런 진동의 공명 관계를 형성하는 힘이 결합의 힘이다. 어떤 의미로 이 진동의 공명은 두 형상을 하나로 표현하고, 쌍의 관계를 단일한 형태로 간주한다.

분리의 힘은 세 가지 그림을 나란히 그린 삼면화에서 나타난다. 삼면화는 베이컨의 매력적인 구성의 형식으로 각각의 캔버스를 서로 고립시키면서 다양한 형상들을 표현한다. 들뢰즈는 삼면화에서 개별적 형상들이 다른 기능들을 가진다고 설명한다. 첫번째 인물은 능동적이고 증가하는 변이 혹은 확장을 수행하고, 두번째 인물은 수동적이고 감소하는 변이 혹은 수축을 수행하며, 세번째 인물은 목격자로서 역할을 한다. 어떠한 규칙도 각 캔버스의 리듬들의 배치를 규제하지 않는다. 그런데 삼면화에서 단색 바탕은 세 가지 그림을 통합하는 동시에 각 그림의 형상들을 분리시킨다. 이러한 분리를 발생시키는 것은 빛과 색채이다. 이것으로 인해 각 캔버스의 고립의 힘과는 다른 분리 혹은 분할의 힘이 형상들을 제어한다. 결과적으로 "삼면화에서 세 개의 캔버스는 분리되어 존속하지만, 더 이상 고립되지 않는다. 캔버스의 틀 혹은 경계는 더 이상 각각의 한정적 통합이 아닌 세 가지의 분배적 통합을 지시한다"(**FB** 70).

베이컨은 자신의 그림에서 형상들에 집중하지만, 사실 관계보다는 형상들의 이야기(서사) 관계를 도입하는 위험을 감내하면서 다양한 포즈의 쌍들을 그린다. 재현은 대상과 이미지 사이의 모방을 함의할 뿐만 아니라 한 이미지와 다른 이미지의 서사적 관계를 함의한다. 그런데 재현의 전복을 추구하는 들뢰즈 철학은 베이컨 회화 속에서 드러나는 서사적 관계와는 상충된다. 하지만 들뢰즈는 이 점을 앞에서 언급한 고립의 힘과 분리의 힘으로 탈피하려고 한다. 고립이 "재현과 단절하고 서술을 깨뜨리기 위해 필요한 가장 단순한 방법"(진중권 93)이듯이, 베이컨은 동그라미, 입방체, 정사각형 등을 이용하여 형상을 격리시켜서 형상이 회화 속의 다른 요소들과 서사적 관계를 맺지 못하도록 방해한다. 또한 삼면화에서 분리의 힘을 통해 각 캔버스의 상호간의 서사적 관계를 차단시킨다.

# 5

## 색채의 미학

## 1) 프롤로그

인상주의는 르네상스 시대의 산물인 원근법, 균형 잡힌 구도, 이상화된 인물, 명암 대조법 등을 거부함으로써 미술사에 혁신을 가져왔다. 인상주의자들은 색채와 빛을 통해 순간의 시각적 감각을 표현하려고 했다. 그들의 주요한 관심은 인상, 즉 짧은 순간에 시각적으로 처음 지각한 사물을 표현하는 것이었다. 그들은 색채가 사물의 본원적이고 지속적인 성질이 아니라 사물의 표면에 영향을 미치는 여러 요소들, 예컨대 날씨나 빛의 반사 작용에 의해 끊임없이 변화하는 것임을 발견했다. 하지만 인상주의자들에 의해 빛 속에서 확실한 윤곽이 없어지고 채색된 그림자가 등장함으로써 다시 새로운 문제가 제기되었다.

세잔은 이러한 문제를 해결하기를 원했다. 세잔이 인상주의자들을 비판했던 두 가지는 색채를 처리할 때 감각이 혼동된 상태로 존속한다는 점과 클로드 모네(Claude Monet)처럼 유명한 인상주의자들에게 있어서도 감각이 덧없는 상태로 존속한다는 점이다. 이렇듯 세잔은 인상주의자들이 덧없이 지나가며 사라지는 주관적인 경험을 포착하기 때문에 그들을 비난한다. 반면 그는 "자연을 대했을 때의 감각적인 인상에 절대적으로 충실하고자 하는 바램"(곰브리치 539)으로 미술관의 예술 작품처럼 견고하고 지속 가능한 것을 창조하려고 했다. 세잔과 유사하게 베이컨은 순간적인 감정의 단순한 표현 이상의 것을 추구했다. 베이컨은 이런 것이 "이미지의 잠재성은 이미지가 지속하는 가능성에 의해 부분적으로 창조되기"(Sylvester 58) 때문에 가능하다고 설명한다. 이미지가 더 오래 지속될수록 그것 주위에 감각을 축적하지만, 견고성과 지속성의 문제는 형식과 구조의 문제이다. 이를 위해 세잔은 보편적인 색채·빛의 확장적 팽창, 뿐만 아니라 '완고한 기하학' 형식의 수축적 응축을 표현한다. 다시 말해 그는 빛의 진동과 분할된 터치를 간직하면서 크기와 부피의 효과를 강조하며 특히 기하학적인 형태를 부각시킨다. 스트릭랜드(C. Strickland)는 이런 세잔의 특징을 균형 잡힌 디자인, 색조(tone)가 단계적으로 변화하는 평면적인 색면 구조, 기하학적 형태로 구분한다(213).

어떤 의미로 감각을 보고하는 문제는 주관적인 것 이상이고, 세잔에 따르면 인간이 부재하지만, 풍경 속에 어디에나 있는 세계의 표현이며, 베이컨의 용어로 사실의 질료의 등록이다. 세잔과 베이컨은 추상과 통례적인 재현 사이에서 외줄타기를 하면서, 감각과 외관의 진실을 표현한다. 요컨대 세잔은 인상주의의 희미한 안개와 리얼리즘에서의 상투적인 표현을 피하고, 베이컨은 추상회화의 이상화된 기하학적 형식과 추상표현주의의 애매한 혼동, 뿐만 아니라 일러스트레이션의 진부한 이미지를 거부한다.

베이컨은 감각과 외관의 진실한 표현을 다이어그램을 통해 진행한다. 그의 다이어그램은 일종의 시각적 신시사이저이고, 일시적이고 가변적이며 연속적인 변조이고, 비유사적인 방법으로 생산된 유사성이다. 들뢰즈에 따르면, 베이컨 회화의 다이어그램 내부에 코드화된 표상의 형상적인 상투적 표현이 제공되고, 그것 외부에 일시적·가변적·연속적인 변조와 같은 비유사적 방법에 의해 생산된 유사성이 발생한다. 베이컨은 이렇게 다이어그램을 이용해 통례적인 재현을 거부하고 비코드화된 언어를 창안한다. 이런 점에서 다이어그램은 유비적 언어이고 비코드화되고 변용적이지만, 틀과 완고한 기하학이 제공된 고유한 질서에 의해 구조화된다.

들뢰즈가 설명하듯이, 회화의 유비적 언어는 세 가지 차원, 즉 구도·색채·신체로 구분된다. 회화 개념에서 구도의 연결 혹은 접속은 고전적 원근법의 관계를 대신하고, 색조의 색채 관계는 빛과 그림자에 근거한 명도 관계를 대체하며, 신체 덩어리와 불균형은 형상적인 재현과 전통적인 형상−바탕 관계를 대신한다.


다이어그램에서 시작하면서 형상적 유사성을 가지는 단절이 격변을 퍼뜨리지 않게 하기 위해, 그리고 더욱 심오한 유사성이 재생산될 수 있도록 하기 위해 구도들은 접속을 보장해야 한다. 신체 덩어리는 데포르마시옹(변형도 아니고 탈구성도 아닌 힘의 지대)에서 그것의 불균형을 통합해야 한다. 무엇보다도 모든 변조는 유비 법칙으로서 진정한 의미와 기술적 공식을 발견해야 하고, 연속적이고 가변적인 틀로 작용해야 하고, 명도의 입체감 표현에 대립될 뿐만 아니라 색채를 통해 새로운 입체감 표현을 개발한다(FB 96-97).

유비적인 것은 색채 표현에서 가장 중요한 법칙을 확인하기 때문에, 들뢰즈는 구도와 신체보다는 색채를 중요하게 여긴다. "색채주의는 회화의 유비적 언어이고, 색채에 의한 주형화가 존재한다면, 그것은 […] 일시적이고 변화 가능하고 연속적인 주형화이다"(FB 108). 그래서 더 이상 내부와 외부는 존재하지 않고 단지 연속적인 공간화만이 존재한다. 색채주의를 실현하는 베이컨과 세잔의 회화는 "색채의 공간화하는 에너지"(108)에서 유래하고, 그 에너지는 변조의 과정, 혹은 일시적이고 가변적이며 연속적인 주형화를 통해 기능한다. 이러한 색채주의를 통해 시각의 촉감적 기능이 구축 혹은 재구축된다. 따라서 색채가 창조하는 시각적 공간은 본래 광학적이기보다는 오히려 촉각적(tactile)(혹은 촉감적(haptic))이다.


## 2) 이집트 · 그리스 · 비잔틴 예술

들뢰즈는 색채를 분석하기 위해서 이집트 · 그리스 · 비잔틴 · 고딕 예술의 광대한 역사 속에 색채주의와 베이컨과 세잔의 회화를 배치한다. 《프랜시스 베이컨: 감각의 논리》 14장의 〈화가들은 그들의 고유한 방식으로 회화의 역사를 되풀이한다〉(99)라는 제목처럼, 모든 화가는 캔버스에 회화사를 되풀이한다. 베이컨 역시 과거의 화가들이 직면했던 많은 문제들을 해결하려고 한다. 그 문제들은 손과 눈, 즉 촉각계와 광학계 사이의 복합적인 관계들에 집중하는데, 양쪽 모두가 시각적 경험의 요소이다. 다시 말해 모든 위대한 화가들처럼 베이컨은 캔버스에 회화사, 즉 촉감계와 광학계의 대조에 입각하여 구축된 역사를 반복한다. 들뢰즈는 촉감적인 이집트 예술, 촉각-광학적인 그리스 예술, 광학적인 비잔틴 예술, 그리고 이집트 예술의 촉감적 대체물로서 제시되는 고딕 예술의 특색들을 구분한다. 들뢰즈에게서 촉감계와 광학계 양쪽 모두는 촉각-광학계를 저항하는 방식이고, 촉각-광학계는 유기화된 유기적 공간에서 눈이 손에 종속되는 것을 근원적 임무로 받아들인다.[15]

"이집트인들에게 영광을. 나는 과거의 위대한 유럽의 이미지들로부터 나 자신을 분리해 본 적이 없었다. 나는 유럽이라는 말 속에, 비록 지리학자들이 나의 말에 동의하지 않을 지라도 이집트를 포함시킨다"(FB 99). 들뢰즈는 이집트적 배치가 서양 회화의 출발점으로 간주한다.

먼저 이집트적 배치는 회화의 배치라기보다는 저부조의 배치이다. 여기서 저부조란 평면상의 형상이 낮게 떠오르게 하는 조형 기법이다. 들뢰즈는 리글(A. Riegl)을 통해 이집트 미술의 여섯 가지 특징을 분석한다. 첫째, 저부조의 배치는 손과 눈의 결합을 이끌어 낸다. 저

---

15) 리글에게 있어서 촉감계와 광학계는 고대 예술의 양극단이고, 고대 예술의 일관된 목표는 궁극적으로 원근적인 재현 예술의 주체가 되는 무한한 공간을 억제하는 것이다. 말디니(H. Maldiney)에게 있어서 광학계는 촉감계보다 우월하고, 비잔틴 예술의 광학적 공간은 세잔의 가장 충만한 표현을 만족시키는 빛과 색채의 점진적인 해방의 서막을 연다(Music 145).

부조는 평평한 표면을 가지고 있는데, 평평한 표면은 눈이 접촉하도록 작동하게 하고, 눈에 촉각적인 기능을 부여한다. 둘째, 평평한 표면은 정면의 시각이자 근거리 시각이다. 형상과 배경은 표면이 동일한 면에 배치되기에, 형상과 배경이 서로 가깝게 느껴지고, 또한 우리에게 근접한 듯하다. 셋째, 형상과 배경을 분리시키고 동시에 결합시키는 것은 윤곽이다. 넷째, 모든 사건, 변화, 변형, 그리고 변조(變造)로부터 보호하는 것은 윤곽인데, 직선 혹은 규칙적인 곡선으로 된 윤곽은 본질로서의 형상을 고립시키는 닫힌계이다. 본질은 실존과 표상의 흐름을 지배하는 형상과 선이 존재해야 한다. 다섯째, 평면·선·본질의 기하학은 이집트의 저부조에 영감을 준다. 하지만 그 기하학은 한정된 면들을 가진 이등변 삼각형의 단일한 표면만을 드러내는 형상을 세움으로써 부피를 표현한다. 여섯째, 인간과 세계뿐만 아니라 동물과 식물, 그리고 연꽃과 스핑크스도 평면과 선의 본질을 받아들여서, 기하학적 형상으로 나타난다.

우리는 이 분석을 통해 이집트 예술이 촉감–근접적인 사실을 인지할 수 있다. 들뢰즈는 이집트 예술이 촉감적이라는 리글의 견해에 동의하고, 평면 구성, 정면적 표현, 윤곽의 우선권, 형상의 기하학적 처리, 그리고 변조(變造)하는 변화와 생성의 영향에서 형상의 보호 등을 강조하는 말디니(H. Maldiney)의 견해를 고수한다(*Music* 145). 그런데 들뢰즈는 촉감적이고 근접적인 이집트 예술의 요소들, 가령 배경 색채가 펼쳐진 영역, 형상의 윤곽 강조, 형상과 배경을 단일 구도 속에 연결하는 얕은 깊이, 형상의 근접성 등을 베이컨이 되풀이한다고 지적한다.

들뢰즈가 이집트 예술에서 강조하는 점은 본질로서의 형상 표현이고, 시간의 우연성에서 벗어나는 것이다. 이러한 이집트 예술은 "미술가가 주어진 순간에 무엇을 볼 수 있었느냐에 근거를 둔 것이 아니라 어떤 사람이나 장면에 대해 그가 알고 있었던 것"(곰브리치 61-62)에 근거를 둔다. 이런 점에서 이집트 예술은 근대 예술과 대립된다. 왜냐하면 근대 예술은 "인간이 더 이상 본질로서보다는 오히려 우연성으로서 그 자신을 완전하게 인지할 때 시작하기"(FB 101) 때문이다. 따라서 이집트의 본질과 근대의 우연성이 들뢰즈가 구분하는 역사의 출발점과 종착점이다.

둘째, 들뢰즈는 그리스 예술과 기독교 예술에 대한 논의를 통해 그리스 예술의 촉감적이고 광학적인 특성을 접근한다. 기독교의 성육신(incarnation)의 교리는 본질을 모든 인간의 변이 가능성 속에서 표현해야 한다고 규정한다. 그래서 기독교 예술은 성육신을 통하여 형태 혹은 형상에 근본적인 변형을 경험한다. 신이 육체화로 구현되고, 십자가에 못 박히고, 땅으로 내려오며, 하늘로 다시 올라가는 등에 따라 형태 혹은 형상은 더 이상 본질로 돌아가는 것이 아니라 변화하는 것으로, 우연적인 것으로 표현된다. 요컨대 그리스도는 우연성에 의해 포위되고 심지어 대체되었고, 우연적인 것을 인정하는 예술이 기독교 예술이라는 것이다.

이집트 예술이 형상을 본질에 복속시켰던 것과는 대조적으로 기독교 예술은 우연적인 것을 허용하는데, 이를 교리와 그리스 예술의 덕택으로 돌린다. 그리스 예술의 특징은 고전주의 형상을 둘러싸는 입방체적 공간, 전경 구도의 우선권, 형태의 입체감에서 빛과 그림자의 허용, 그리고 보는 사람의 열린 공간과 형상의 입방체적 공간의 분리 등이다. 이러한 고전주의 형상은 빛과 그림자의 가변적인 리듬에 노출되어 기독교 예술과 마찬가지로 우연성을 갖는다. 따라서 고전주의 형상은 그것의 대상으로서 우연적 사건을 받아들이고, 우연적 사건을 광학적 유기화 속에 포함시킨다. 하지만 빛의 에너지는 형상의 질서에 따라 리듬지어지기 때문에 고립되고 둘러싸인 형상은 이상적이고 불변의 형식을 드러낸다. 이는 형상이 촉감적 윤곽을 유지하고, 촉감적 윤곽은 빛과 그림자에 의해 전진하고 후퇴하는 변화가 발생함을 의미한다. 하지만 그 윤곽은 이러한 변화에 영향 받지 않는다. 마치 물 속에서 구부러지게 보이지만 접촉하면 곧은 것으로 증명되는 막대기를 응시하는 것과 같이, 광학적 눈은 조명과 원근이 변화하는 외관을 수용하지만 촉감적 눈은 변화하는 환경을 횡단하여 대상이 동일한 것임을 인식한다. 이런 의미로 그리스 예술은 광학적 측면을 가지지만, 그것이 창조하는 공간은 촉각–광학적이다. 간단히 말해 그리스 예술에서 눈은 촉감적 기능을 포기하고 광학적으로 되지만, 이차적인 힘으로서의 촉각적인 것에 종속된다.

셋째, 들뢰즈는 촉감–광학적 공간에서 순수 광학적 공간으로의 전환을 비잔틴 예술에서 확인한다. 비잔틴 모자이크와 벽화는 지배적인 원리로 빛의 출현을 받아들이고, 더 이상 촉각에 의존하지 않는다. 그래서 형상은 빛의 영역에서 발생하고, 그것의 윤곽은 경계가 아닌 그림자와 빛의 결과와 암흑의 확장과 흰 표면의 결과로 표현된다. 형상은 빛으로 변형되고 변모되며 변환되고, 빛의 영역에 포함되었을 때 붕괴되며 분해된다. 다시 말해, 빛과 그림자의 유희로 인한 우발적 형상의 출현이 본질과 법칙을 만들기 때문에 사물은 빛 속에서 솟아오르고 상승하고, 형상은 독특한 색조를 나타내는 변형과 변모에 분리될 수가 없다. 이런 점에서 우연성은 본질과 법칙을 창조하는 갑작스러운 출현이다. 들뢰즈는 이런 형상의 와해는 명암의 관계, 빛과 그림자의 관계, 밝음과 어둠의 관계에 의존하게 된다고 하며, 17세기 명암 대비를 이용한 회화와 20세기 추상 미술에서의 "광학적 코드"(FB 104)의 관점으로 형상을 표현하는 모델을 확인한다.

비잔틴 예술 작품은 여러 대성당에 있는 모자이크와 벽화에서 확인된다. 이러한 작품들에서 공간성을 발생시키는 것은 빛과 그림자의 순수 광학적 리듬이다. 그래서 모자이크와 벽화의 배경은 더 이상 절대적인 촉각적 면이 아니라 무한하고 붙잡을 수 없는 빛의 지대이고, 그 지대에서 '붙잡기'와 '유지하기'는 무기력하게 된다. 비잔틴 예술이 표현하는 것은 색채가 공간화하는 에너지, 즉 공간에 편재하는 발광(發光) 속에서 색채가 공간화하는 공간 운동이다. 가령 동일한 황금색 배경으로 그리스도의 정면 시선을 갖는 체팔루 성당의 모자이크인 '전지전능한 예수'는 절대적 평면 위에 존재하지 않고, 빛과 색채의 무한한 공간에 나타난다. 비잔틴 모자이크에서 색채는 어디에도 국한되지 않는다. 화려한 감청색 정사각형에 스며든 색의 농담(tint)은 멀리 있는 대리석 조각의 고상한 색상에 반향된다. 빛의 유희를 강화하기 위해서 형상에 금과 은색의 타일들을 붙인다. 얼굴은 격자무늬 양식들로 인하여 혹은 색채 변조의 환영을 창조하는 대조적인 색채 병치로 인하여 입체감을 가진다. 비잔틴 형상들은 닫힌계의 평평한 평면 형상들이 아니라 보는 사람까지 확장하고 포함하는 공간에 정주한다.


## 3) 고딕 예술

들뢰즈는 비잔틴 예술의 광학적 측면과 이집트 예술의 촉감적 측면에 연관되지 않는 예술을 고딕 예술에서 발견한다. 들뢰즈는 보링거(W. Worringer)의 《추상과 감정 이입 *Abstraction and Empathy*》과 《고딕의 형식 문제 *Form in Gothic*》를 통해 고딕 예술에 접근한다.

보링거의 원리들은 선사 예술과 그리스 예술에서 구체화된다. 원시인은 "공간의 거대하고 영적인 공포"(*Abstraction and Empathy* 16)를 발생시키는 위협적이고 혼란스러운 우주에 포위되고, 시각적 인상을 믿을 수 없기 때문에 접촉에 의존한다. 그들은 가능한 열린 공간의 재현을 피하며, 세계에 자신들을 투사하기보다는 오히려 예술 속에서 안정된 형식과 절대적 가치의 추상적 영역을 창조한다. 이와 같은 추상적 영역의 결정체의 미(crystalline beauty)가 기하학적 선과 촉감적 면에 합쳐지고, 그것의 안정된 질서는 이집트 예술에서 아주 확연하게 드러난다. 대조적으로 그리스인은 이성을 활용하여 물리계의 일정한 지배력을 얻는다. 그 결과 그들은 존재의 흥망성쇠를 즐길 수 있고, 그들 자신을 세계에 투사할 수 있으며, 그곳에서 유기적이고 성장하고 변화하는 형식의 미를 발견한다. 또한 그들은 자연을 강조하고, 가변적이고 역동적인 리듬을 반영하는 예술에서 자신들을, 고유한 생기적인 운동을 즐긴다.

보링거는 《고딕의 형식 문제》에서 이러한 원시적 추상과 고전적 감정 이입의 대립을 반복하고, 이성적 지식을 넘어서는 개인으로서, 실재성의 본래 환상적인 본성을 인식하는 개인으로서 동방인을 추가한다. 즉 보링거는 인간과 외부 세계 간에 관계를 설정하는 전형적 양상에 따라 원시인, 고전인, 그리고 동방인으로 나눈다. 이를 통해 미학이 서구의 고전적 형태에 기초하고 있다는 점에서 이미 유럽의 고전적 예술을 특권화하고 있음을 지적하고, 고전적 예술사의 일면성을 넘어서고자 한다.

원시인의 예술이 생명으로 요약되는 자연의 생성과 변화에 대한 불안으로 인하여, 생명과 분리된 경직된 추상적–무기적 선을 특징으로 한다면, 고전인은 인간과 세계의 친화성에서 출발하기에, 세계를 의인화하는 현세적 범신론과 모든 것을 유기화하는 감정 이입 충동을 특징으로 한다. 반면 동방인은 해탈을 향한 추구 속에서 감각적 세계의 무상성과 우연성을 넘어선 추상적 선과 평면화된 형태를 추구한다(《노마디즘 2》 678-79). 이런 의미에서 동방인은 맑게 빛나는 지혜를 갖추어 마야의 베일을 꿰뚫어 본 후 고도의 추상에 도달하기에, "선사 시대 예술처럼 동양 예술은 확실히 추상적이고, 경직되고 무표정한 선과 선의 상관물인 평면에 속박되지만, [⋯] 형식의 풍요성과 해체의 일치성에서 그것은 훨씬 원시 시대 예술을 능가한다" (*Form in Gothic* 37).

한편 고딕 예술은 원시적·고전적·동양적 모델들의 견지에서 이해될 수 없는 감성을 표출한다. 그것은 안정과 평온함은 없지만 추상적·기하학적 형식으로 간주된다. 간단히 말해서 고딕 예술은 열정적인 운동과 생기성, 끊임없이 움직이는 역동성이 존재하지만, 유기적 생명과 분리된 운동, "표현의 초-유기적 양식"(*Form in Gothic* 41)이다.

보링거의 설명처럼, 고딕 예술의 선은 처음에는 우리의 유기적 감성에 거슬리지만, 그것에 굴복하자마자 우리는 그것이 발산하는 무아경의 역능을 느낀다. 선은 반복적으로 단절되고, 반복적으로 자연적인 운동 방향에서 확인되며, 평온하게 흐름을 끝내지 못하도록 반복적으로 강하게 방해받고, 계속해서 새로운 표현의 복합 작용으로 전환되고, 결국 선은 이러한 모든 구속에 의해 부드럽게 된다. "마침내 자연 화해의 모든 가능성을 빼앗기게 된 선은 혼란스럽고 발작적인 운동으로 끝날 때까지, 무감각적으로 선 자체로 되돌아가는 공허 혹은 흐름 속에 진정되지 않은 운동을 중단할 때까지 표현 에너지를 최대한도로 발휘한다"(*Form in Gothic* 42). 고전적인 선이 우리의지의 표현인 반면, 고딕적인 선은 우리에게 독립적이고, 자체의 고유한 표현을 가지고 있으며, 그 선의 표현은 "우리의 생명보다 더 강하다"(*Form in Gothic* 42).[16]

---

16) 보링거는 이런 대립의 심리학적 근거를 무작위적인 낙서와 같이 쉬운 예를 통해 설명한다. 우리가 휴식하며 할일 없이 낙서를 할 때, 우리 의지의 명령과 손목의 유희에 따라서 선은 흐르고 구부려진다. 그러나 우리가 긴장과 분노의 상태에서 "팔목의 의지는 확실히 고려되지 않을 것이다. 연필은 난폭하고 격정적으로 종이 위로 움직이고, 아름답고, 둥글고, 원래 부드러운 곡선 대신에 강력한 격렬함의 표현과 관계 있는 거칠고 모나고 끊임없이 중단되는 뾰족한 선이 있을 것이다"(*Form in Gothic* 43).

들뢰즈는 고딕 예술의 선과 고전 예술의 선의 공통점을 반복이라고 생각한다. 하지만 고전 예술의 선은 거울 대칭을 계발하고, 그리하여 정지 모멘트로서 운동의 균형을 유지하고, 고딕 예술의 선은 반복 운동이 비대칭적으로 증가하고, 무한한 선으로서 "끊임없는 무형식의 활동이 오래도록 지속되는 인상"(*Form in Gothic* 55-56)을 남긴다. 그 선은 시작과 끝, 무엇보다도 중심을 가지고 있지 않는 미로이다. 식물과 동물의 모티프가 고딕 장식물에 나타나지만, 그것은 선의 미로에 흡수되고, 자연의 유기적 형태를 표현한 작품이기보다는 선형적인 환상(環狀)의 작품이다. 고딕 장식물이 원형 양식을 따를 때, 원형적 고딕 장식물은 중심에서 외부로 움직이거나 혹은 외부에서 중심으로 집중하는 원형적 고전 장식물과는 달리, 모서리들 주위를 회전하고, 그것의 형태는 연속되고 가속화하는 기계적 운동에 관여하는 회전 바퀴 혹은 터빈과 유사하다.

보링거는 고딕 예술을 추상과 감정 이입의 혼성물로, 비조화적이고 불안정하고 열광적인 혼합물로 인지하는 반면, 들뢰즈는 그것을 손에 고유한 활동 표현을 부여하는 순수 촉감적 양식으로 간주한다. 고딕 예술은 추상적인 기하학적 형식으로 윤곽을 규정하는 이집트 예술과는 달리, 들쭉날쭉한 선, 뒤틀린 만곡, 그리고 가속화되는 회전 등의 역동적인 기하학을 받아들인다.

여기서 이진경은 들뢰즈의 추상 개념이 보링거의 그것과 근본적으로 다른 것 같다고 지적한다(《노마디즘 2》675). 물론 보링거의 추상이 불안을 극복하기 위한 합법칙성의 개념에 중심을 두고 있다면, 들뢰즈는 추상을 변형과 탈형식화로 이해한다. 따라서 추상적 선이란 기하학적 선이 아니라 자연적이고 구상적 형태를 벗어나는 선이고, 재현적인 선을 변형시키는 선이다. 그래서 들뢰즈에게서 추상적 선은 직선이나 기하학적 선이 아니라 곡선이고 비기하학적 선이다. 들뢰즈가 추상적 선으로서 상술하는 고딕적인 선은 안정된 구성 평면에 정확히 개별적 형상을 묘사하기보다는 형상과 바탕 간의 구별을 모호하게 한다. "끊임없는 분열 속에서 선은 선 이상의 것이 되고, 동시에 면은 결코 평면이 아니다"(FB 105). 고딕적인 선이 따라가는 식물과 동물의 형태들은 재현적인 이미지들을 변모시키고, "선이 다른 동물들, 인간과 동물, 그리고 순수 추상(뱀 · 턱수염 · 리본)에 공통적이라는 점에서 선의 식별 불가능성의 지대"(FB 105)를 표현한다. 그리고 고딕 예술에서 손은 눈으로부터 해방되고, 고유한 의지를 부여받으며, 그것의 운동은 비유기적 생명의 운동이다.

들뢰즈는 고딕 예술의 선을 《천 개의 고원》《철학이란 무엇인가? *What Is Philosophy?*》《대담 *Negotiations*》에서 설명한다. 그에 의하면, 그 선은 동물-되기, 비유기적 생명, 카오스, 미로 같은 겹침, 비주체적 의지와 관계가 있다. 《천 개의 고원》에서 전쟁기계와 대응하는 매끄러운 공간과 국가장치와 대응하는 홈 파인 공간을 조명할 때 리글 · 말디니 · 보링거를 다루는데, 들뢰즈는 보링거의 고딕적인 선이 촉감적이고 유목적이며, 이집트 예술의 선과 대조적이라고 설명한다. 그가 설명하듯이, 이집트 예술의 선은 홈 파인 공간 속에서 손을 눈에 종속시키고, 고딕적인 선은 홈 파인 공간을 붕괴시킨다. 이런 점에서 우리는 들뢰즈가 보링거의 고딕적인 선으로 되돌아가는 이유를 알 수 있을 것이다.

들뢰즈는 고딕 예술의 선을 베이컨의 다이어그램과 연관시킨다. 베이컨의 다이어그램은 이미지를 변모시키고, 이미지를 비유기적 힘에 포함시키는 형상-되기, 혹은 동물-되기를 구현한다. 그런데 베이컨이 이런 작업을 손의 무작위적인 흔적으로 실행한다는 점에서 고딕 예술의 선과 분명한 연관성이 있다. 하지만 들뢰즈는 고딕 예술의 선의 범위를 넘어서는 촉감계의 개념을 발전시킨다. 일반적으로 비잔틴 예술의 광학적 예술과 고딕 예술의 촉감적 예술 사이의 대립을 색채와 선의 대비에 근거를 두지만, "순수 광학적 공간으로 향하는 경향과 순수 수동적(手動的) 공간으로 향하는 경향이 마치 양립할 수 없는 것처럼 이런 경향들을 대비하는 것은 잘못이다"(FB 105-6)라고 지적하면서, 들뢰즈는 색채의 두 가지 사용 방법, 즉 광학적 사용과 촉감적 사용이 존재한다고 분석한다. 다시 말해 고딕 예술을 무작위적인 손이 선을 그리는 것으로 표현함으로써, 고전주의적 재현의 촉각-광학적 공간을 피하는 고딕 예술에서의 색채의 촉감적 사용이 있고, 세잔과 고흐(V. Gogh)의 색채주의에서 색채의 적절한 사용으로 손의 해방을 지적하는 색채의 광학적 사용이 있다. 이런 의미로 "빛과 같이 색채도 순수 광학적 세계에 속하는 듯하고, 동시에 형태와 독립적인 관계를 유지하는 듯하다"(FB 106).

## 4) 명도와 색조

들뢰즈는 색채 관계를 명도 관계(relations of value)와 색조성의 관계(relations of tonality)로 나눈다. 일반적으로 색채의 세 가지 속성은 색상, 명도, 채도이다. 색상은 빨강, 노랑, 파랑 등으로 구별하는 것이고, 명도는 시지각 혹은 시감각적인 색채의 속성을 척도화한 밝기의 정도로 나타내는 것이며, 채도는 물체 표면색의 순도 혹은 포화도를 척도화한 것이다(박필제 · 백숙자 151). 색채 관계를 명도 관계와 색조성의 관계로 구분하는 들뢰즈는 일반적인 색채의 세 가지 속성에서 채도를 명도의 범주에 포함시키는 듯하다. 따라서 명도 관계는 흑과 백의 대비를 기초로 할 뿐만 아니라 어둠과 밝음, 짙음과 엷음으로 색채를 정의한다. 그리고 색조성의 관계는 스펙트럼, 다시 말해 파랑과 노랑, 초록과 빨강의 대립을 근거로 하고, 이것은 따뜻함과 차가움으로서 여러 가지 순 색조를 정의한다.

시감각적인 색채의 밝기 정도를 나타낸다는 점에서 명도 관계는 빛과 관련이 있고, 그것은 색채의 밝음 혹은 어둠은 흰색에서 검은색까지 범위를 가지는 흐린 단계를 측정할 수 있다. 반면 색조성의 관계는 색상의 대비와 관련이 있다. 색상은 우리가 보통 원색, 즉 빨강, 노랑, 파랑이라는 이름을 부르는 것으로, 이는 물리학에서 언급하는, 빛을 분산시켜 얻는 색채들, 가령 빨강, 주황, 노랑, 초록, 파랑, 남색, 보라와는 다르다(펠드만 61). 이러한 색상은 근접 시야를 포함하고, 평평한 표면에 병치된 색조는 근접 시야에서 절정에 달하는 전진과 후퇴를 표현한다(FB 107). 따라서 명도 관계가 원격 시야의 순수 광학적 기능을 수반하는 반면, 따뜻함과 차가움이 시각적 경험의 특성보다는 촉각적 경험의 특성이라는 점에서 색조성의 관계는 본질적으로 촉감적 기능을 함의한다.

하지만 명도와 색조는 색채의 대조적인 측면이 아니라 서로 협력적인 측면이기도 하다. 왜냐하면 "흑과 백, 어둠과 밝음은 차가움과 따뜻함의 운동과 유사한 수축과 팽창의 운동을 나타내기"(FB 164) 때문이다. 예를 들면 비잔틴 모자이크는 빛과 어둠의 유희를 강조하는 경향이 있지만, 황금·빨강·파랑·초록 색상의 변조도 중요한 구성 요소이다. 그렇지만 명도 관계를 조절하는 원리와 색상 관계를 조절하는 원리는 구별된다. 요컨대 명도 관계와 색상 관계 양쪽 모두가 눈과 시야와 관련이 있고 적당히 시각적지만, 밝음과 어둠의 대립과 빛과 그림자의 대립은 광학적 공간을 드러내는 반면, 따뜻함과 차가움의 대립과 확장과 수축의 대립은 촉감적 공간에 속한다고 볼 수 있다.

들뢰즈는 색채주의자들은 "명도 관계 대신에 색조성의 관계를 사용하려고 하는 화가들이고, 이런 순수한 색채 관계를 통해 형식뿐만 아니라 그림자, 빛, 그리고 시간을 표현하려고 하는 화가들"(FB 89)이라고 정의한다. 회화의 색채주의 전통은 일반적으로 티치아노(Titiano)·베로네세(Veronese)·벨라스케스(Velásquez)·리베라(Ribera)·루벤스(Rubens)·렘브란트(Rembrandt), 또한 들라크루아(Delacroix)·모네·세잔·고갱(Gauguin)·고흐까지 확장된다. 들뢰즈는 베이컨이 고흐와 고갱 이래로 위대한 색채주의자들 중 한 사람이라고 설명하면서, 베이컨을 이들 화가들과 같이 색채주의자로서 분류한다. 색채주의의 특징은 국지적 색조(local color)[17]의 포기, 혼합되지 않은 붓놀림의 병치, 보색(complementary color)의 호소를 통해 전체성에 이르려는 각 색채의 열망, 중간 단계 혹은 전이를 갖는 색채들의 이행, 단속적 색조(broken tone)를 얻는 것 외에는 혼합의 금지, 두 보색의 병치와 유사한 두 색채의 병치(하나는 단속적 색채가 되고 나머지는 순색채가 된다), 색채의 무한한 활동으로 빛과 시간의 생산, 색채를 통한 명료성 등으로 구분된다(FB 112-13).

들뢰즈에 의하면, 세잔은 명도 관계에 근거한 기법 혹은 빛과 어둠의 농담에 근거한 기법에 입체감을 주기 위해서 명도를 나타내는 전통 기법에 의존하기보다는 스펙트럼의 순서에 따라 배열된 뚜렷한 붓놀림의 병치를 통해 곡선화된 형식을 표현한다. 스펙트럼의 순서에 따른 변조는 촉감적인 색채를 이용한다. 하지만 이런 방법은 논리적 코드가 되는 위험에, 즉 색상들의 관계를 불변적으로 지시하는 스펙트럼이 연속적으로 고착화되는 위험에 봉착한다. 그다지 조직화되지 않은 촉감적인 색채의 사용은 고흐의 단속적 색조이고, 그것이 고흐를 "자의적 색채주의자"(FB 166)로 만든다. 들뢰즈는 바로 이 단속적 색조의 개념을 색채화적인 베이컨 회화에 대한 검토에서 강조한다.

들뢰즈가 분석하듯이, 동질적이고 구조적인 바탕을 창안하는 것, 특이하고 특정한 형태들을 형성하는 것, 그리고 색채를 통해 바탕과 형상들의 상호 소통을 보장하는 것은 세잔과 고흐가 함께 직면했던 색채주의자의 문제이다. 후기 회화에서 세잔의 도전은 구도의 모든

---

17) 국지적 색채는 우리가 실제로 대상을 볼 때의 색채가 아니라 고유색을 말한다. 가령 우리는 소방차가 빨강색임을 알고 있지만, 실제로 소방차를 볼 때, 거리와 태양광선의 반사 효과 등으로 빨강, 자주, 노랑, 주황 등의 색채로도 보일 수가 있다. 이렇게 소방차의 빨강색을 나타내기 위해 여러 색채들을 사용할 수 있는데 이것을 국지적 색채라고 한다(펠드만 62).

요소들을 조직화하기 위해 스펙트럼 색조의 규칙적인 순서의 효과들을 계발하면서 색채주의자의 세 가지 문제를 해결하는 것이다. 그것은 스펙트럼의 순서에 따라 구별되는 "붓놀림의 변조가 색채의 촉감적 감각에 도달하는"(FB 113) 것으로서, 세잔이 창안한 것이다.

하지만 고흐는 다른 과정을 취한다. 한편으로 그는 명도보다는 채도의 차이를 통해 활동적으로 존속하는 밝고 순색채의 배경 바탕을 개발하고, 다른 색상으로의 이행을 나타내는 바탕 색상을 창안하며, 다른 한편으로 그는 한 가지 혹은 여러 가지 단속적 색조를 통해 크기를 형성하는데, 이를 통해 색채는 도예(ceramics)에 필적할 만큼 가열되고 발화된다. 따라서 색채주의자의 변조에 대한 반응으로 고흐는 "바탕에 밝은 색채의 이행, 단속적 색조의 이행, 그리고 색채의 이런 두 가지 이행들(혹은 운동들) 사이의 중요한 관계"(FB 114)를 캔버스에 표현한다. 고흐 이후 위대한 색채주의자들 중 한 명인 베이컨은 자신의 작품 전반에서 색채주의자의 경향을 따른다.


## 5) 형상 · 윤곽 · 구조

들뢰즈는 베이컨 회화를 세 가지 기본 요소를 형상 · 윤곽 · 단색 바탕의 구조로 분류하고, 세 가지 요소를 횡단하는 비가시적 힘들의 견지에서 고려한다. 하지만 그의 궁극적인 노력은 어떻게 세 가지 모두가 색채를 향해, 색채 속에 수렴하는 지를 보여주는 것이고, 색채의 관계인 변조가 전체 통일성, 각 요소들의 배치, 뿐만 아니라 각 요소들이 상호 작용하는 방식에 어떻게 적용되는지를 보여주는 것이다.

첫째로 단색 바탕의 구조와 색채에서, 베이컨은 대개 형상들을 명암의 변화가 없는 약동적이고 강밀한 단색 바탕에 대비하여 배치하고, 단색 바탕이 비활성적이고 형상과 분리되는 위험을 피하기 위해서, 즉 바탕에 운동과 변화를 유도하기 위해서 다양한 종류의 "근접성의 관계"(relations of proximity)(FB 118)에 의존한다. 가령 그는 〈그림〉(1946)과 〈교황 II〉(1960) 등의 회화에서 단색 바탕 속에 색채가 분리된 대조적인 화판을 배치한다. 대개 그는 삼면화에서 바닥을 가로지르는 대조적인 단색 바탕의 윤곽을 이용하여 바탕의 확장을 제한하는데, 하부의 넓은 윤곽은 형상들을 지지하는 일종의 마룻바닥을 구성하고 전경과 배경 바탕을 연결한다. 베이컨은 다른 삼면화에서 세 개의 캔버스를 횡단하는 수평의 흰색 밴드로 단색 바탕을 분할하기도 한다. 경우에 따라 대조적인 색채의 리본이 바탕을 횡단하고, 하나의 형상 혹은 형상들의 군상(群像)을 에워싸는 작은 윤곽이 바탕의 일정한 팽창을 가로막는다. 모든 경우에서 눈이 대조적인 화판·윤곽·띠·리본에 접근할 때 바탕의 색채가 이동하는 듯하다. 바탕 내부의 미세한 변화는 바탕과 윤곽이 접속한 지점과 가까운 근접성의 지대에서 발생한다. 결과적으로 물결치며 불명확하게 국지적으로 흐르는 파장이 바탕을 가로질러 유희한다.

그러므로 이런 근접성의 지대를 통해 물결치며 확산되는 운동의 리듬을 포함하는 바탕은 비박절적이고 측정할 수 없는 시간이 발생하고, "시간의 형식으로서의 영원성"(FB 119), 즉 되기의 시간인 아이온(ion)의 시간이 생겨난다.[18] 또한 근접성의 지대를 통과하는 캔버스를 위해서 바탕은 구조 혹은 틀로서 기능한다. 왜냐하면 이런 지대는 바탕과 대조적인 윤곽들 혹은 밴드를 연결하기 때문이고, 마루·침대·깔개·원·상자와 같이 다양하게 에워싸고 한정하는 형태들이 단색 바탕에 속하는 것과 단색 바탕과 서로 작용하는 것을 상호 보장하기 때문이다.

둘째로 형상과 색채에서, 베이컨 회화의 다색채적이고 매우 두껍게 칠해진, 단속적 색조의 흐름으로 입체화된 형상은 바탕의 단색적이고 평면적인 순 색조와 대립된다. 무엇보다도 단속적 색조는 형상들의 살을 감지 가능하게 하고, 지배적인 빨강과 파랑 색상은 살과 고기의 식별 불가능성 지대를 창조한다. 단속적 색조는 단색 바탕의 순 색조와 공명하고, 형상 속에 소규모 운동을 등록하며, 단속적 색조의 다채로운 흐름은 형상을 통해 작동하는 비가시적 힘을 가시화한다. 이런 의미에서 형상의 "색채-힘"(color-force)은 바탕의 "색채-구조"와 대립적이다. 반면, "시간의 내용"으로서의 형상의 격동적이고 국지적인 운동은 "시간의 형식"(FB 121)으로서의 바탕의 분산적이고 비박절적인 운동과 대비된다.

---

18) 들뢰즈는 과거, 현재, 그리고 미래의 규칙적인 연속의 척도적인 시간을 크로노스(chronos)의 시간이라고 하고, 과거, 현재, 그리고 미래 사이의 선들을 희미하게 하는 비척도적이고 불규칙적인 시간을 아이온의 시간이라고 한다. 아이온의 시간은 언제나-이미 벌써이기도 하고 언제나-지금 막이기도 한, "너무-느리기도 하고 너무-빠르기도 한 시간"(AT 262)이다. 가령 음악에 적용해 보면, 음악과 세계를 유희하는 박동(pulsation)은 동일한 것의 척도화된 되풀이가 아니라, 통약 불가능한 것과 부동한 것의 비박자적인 리듬이다. 따라서 음악에 표현된 시간은 크로노스의 시간이라기보다는 아이온의 시간, 즉 되기의 유동적인 시간이다.

베이컨 회화의 세번째 요소인 윤곽은 형상과의 관계에 의해서가 아닌 단색 바탕의 비형상적인 요소와의 관계에 의해서 결정된다. 윤곽에서는 선이 색채에 우선해야 하는 듯하지만, "윤곽은 캔버스의 자율적이고 비형상적인 요소 속에서 형태화되기 때문에"(FB 121), 선은 윤곽 형태의 생산적인 결정체로서 기능하지 않는다. 들뢰즈가 "색은 선과 윤곽을 만든다"(121)라고 지적하듯이, 색채가 선을 생산하고, 윤곽의 외부 경계는 대조적이고 자율적인 색상과의 만남을 통해 발생한다. 베이컨 회화에서 윤곽은 바탕의 순 색조와 형상의 단속적 색조의 리듬과 힘이 소통하는 막으로 기능한다. 그것은 전체 형상을 고립시키며, 몇몇 경우에서는 형상의 부분들, 즉 발·손·머리를 둘러싸고, 그리하여 형상의 평형을 보장하는 채색된 압축, 그 압축을 유도하는 반사체로서 중세에 이용한 후광을 부활시키기도 하지만, 무엇보다도 하나의 색채 체제에서 다른 색채 체제로의 이행을 가능하게 한다.

들뢰즈가 약동하는 바탕, 단속적 색조인 형상, 그리고 소통하는 윤곽에 대한 분석을 통해 제시하는 것은 베이컨이 "만약 당신이 색채를 순수 내적 관계들(따뜻한-차가운, 팽창-수축)로 밀고 나간다면 당신은 모든 것을 가진다"(FB 89)라는 색채주의자의 믿음을 효과적으로 배치하는 특수한 방식이다. 들뢰즈가 주장하듯이, 베이컨은 세잔·고흐, 그리고 다른 색채주의자들처럼 색채를 촉감적으로 적절하게 사용한다. 다시 말해 그는 명도 관계보다는 오히려 색조 관계에 근거한 것을 계발한다. 색채의 촉감적 사용은 손으로 보는, 그러나 손이 눈에 복속되지 않는 방식이다. 베이컨의 회화에서 촉감적 눈은 수동적(手動的) 다이어그램에 의해 가능하게 된다. 베이컨은 구상적이고 서사적인 재현의 상투적 이미지로부터, 그리고 손과 눈이 함께 눈의 통제 아래 작용하는 촉각-광학적 공간의 생산물로부터 시작한다. 그러나 그 다음에 손의 비자발적인 운동이 발생한다. 얼룩 혹은 휘둘러 치기와 같은 무작위적인 붓놀림은 국지적 격변, 즉 카오스의 지대를 알리는데, 이는 발생의 다이어그램으로 역할을 한다. 그리고 수동적 다이어그램에서부터 새로운 관계가, 다시 말해 눈을 정주시키는 동안 손이 자율성을 유지하는 바탕·형상·윤곽의 촉감적 배치가 발생한다.

들뢰즈는 이러한 다이어그램의 법칙을 다음과 같이 정의한다. "우리는 구상적 형태로 시작한다. 다이어그램은 그것을 개입하고 휘저어 뒤섞는다. 그리하여 완전히 다른 본성의 형태가 다이어그램에서 출현하고, 그것을 형상이라고 지칭한다"(FB 125). 들뢰즈는 다이어그램을 통해, 변조로서의 색채주의 개념과 유비적 언어로서의 회화 개념에 접근한다. 그는 《감각의 논리》의 마지막 장에서 유비적 변조의 개념을 밝히면서 다이어그램과 촉감적 색채 간의 관계를 적절히 논증하는 베이컨의 〈그림〉(1946)에 대해 분석한다.

형상·윤곽·바탕에 대한 들뢰즈의 세부적인 분석에서 보여주는 것은 다이어그램을 통해 관여되는 힘들이 촉감적 색채의 힘이라는 것이다. 캔버스의 모든 요소, 예를 들어 화판을 대비시키는 배경 가까이의 근접성의 지대를 통과하는 운동 속에 배치된 단색 바탕의 이동적인 강밀도, 고깃덩어리와 카펫의 단속적 색조와 바탕과 공명하는 형상의 촉감적 회색, 전경과 단색 팽창을 연결하는 넓은 수평적 윤곽, 형상의 비틀어진 리듬과 바탕의 물결치는 리듬 간의 소통을 허용하는 둘러싸는 링 등이 다이어그램에서 발생한다.

다이어그램은 변조기이고, 형상적인 형식이 공급되는 기계이며, 촉감적 색채 관계를 발생시키는 기계이다. 그것은 요소들의 연속적 · 가변적 · 일시적 주형화와 탈주형화를 실행한다. 그것은 창조 과정에서, 그리고 관계들이 최종적으로 창조된 배치 속에서 기능한다. 다이어그램은 회화의 구도를 안내하고, 완성된 회화 속에 예술 작품이 완전하게 구성되자마자 구도의 다른 요소들과 지속적으로 상호 작용하는 캔버스의 특정한 지대 속에 존속한다. 그것의 변조는 촉감적 색채 관계를 생성시키지만, 이런 색채 관계는 변조이고, 연속적이고 가변적인 운동인 진동 · 섭동 · 흐름 · 비틀기 · 격정적 활동 · 요동이다. 그 운동은 재현된 대상으로서가 아니라 자기 형성적 과정의 생산물로서 상호 작용하는 색상에 나타나고, 완성된 캔버스의 형식으로 이르게 된다. 결과적으로 색채는 수축적이고 확장적인 펼침 속에서 공간을 공간화하고, 단색 바탕으로 전개되고, 형상을 채우고, 윤곽 막을 가로질러 소통한다.

베이컨이 〈그림〉(1946)에서 그리려 했던 새는 고깃덩어리, 우산, 입의 이빨 돌기 모양 등과 같은 다양한 관계 · 과정 · 운동 속에서 여러 유비물로 표현된다. 여기서 다이어그램은 생산된 유사물로서의 유비물을 생성한다. 이런 의미로 〈그림〉의 촉감적 색채 관계 속에 나타나는 색상의 촉감적 리듬과 운동은 형태 변환 과정의 유비물이다. 이런 형태 변환 과정으로 〈그림〉에서 새-되기는 고기 · 우산 · 입-되기로 전환한다. 그 그림은 감각에 내재한 힘, 융합적인 카오스와 구별화된 주체·대상 간의 수축적이고 확장적인 공동 세계에 내재한 힘을 가시화한다. 동시에 그 그림은 감각에 구조를 부여하지만, 그것에 코드를 제시하지는 않는다. 따라서 되기 과정의 색채 유비물들은 세잔이 감각뿐만 아니라 특정화된 형태들의 '완고한 기하학'을 나타낸다. 베이컨의 용어에서 그것들은 사실의 잔혹성을, 다시 말해 뇌를 통과하지 않고 신경에 직접적으로 등록하는 힘들이 특정하게 배치되는 견고하고 객관적이고 지속적인 증거를 표현한다.

# 6

## 리토르넬로와 음악-되기

## 1) 프롤로그

(1) 어둠 속에서 두려워하는 아이는 자신을 안심시키기 위해 노래를 부르고, 이런 행동으로 카오스 속에 안정된 상태, 즉 비차원적인 공간 속에 질서의 장소를 설정한다. (2) 고양이 한 마리가 집의 모퉁이, 뜰의 나무, 그리고 덤불에 방사하고, 이를 통해 고양이는 자기의 영토임을 주장하면서 차원적인 지대의 경계를 설정한다. (3) 새는 새벽녘에 즉흥적인 아리아를 부르고, 다른 환경과 우주 전체로 자신의 영토를 펼친다. 이 세 가지는 리토르넬로의 세 가지 측면으로서 안정성의 점, 소유지 혹은 영토의 순환, 그리고 외부로의 열림으로 구분된다. 세 가지가 서로 구별될 수도 있지만, 그것들은 진화적이거나 혹은 시간적으로 발생하는 연속적인 순간들을 재현하지 않고, 단일하고 동일한 세 가지 측면을 재현한다. 즉 리토르넬로는 세 가지 측면을 동시적으로 진행하고, 혼합한다.

본래 리토르넬로는 유럽을 중심으로 16세기 말에서 18세기 중기에 이르는 약 150년간의 음악을 지칭하는 바로크 음악의 합주협주곡 (concerto grosso)을 비롯한 기악곡을 구성하는 형식과 관련된 것이다. 바로크 시대의 기악 음악의 발전과 함께 합주협주곡을 포함한 기악 협주곡에서, 합주군(리피에노)과 독주군(콘체르티노 혹은 솔로)의 대비를 통해 리토르넬로와 에피소드가 교대되는 리토르넬로 형식을 처음 사용하였다. 17세기 이후로 형성되고 발전된 이러한 리토르넬로 형식은 비발디(A. Vivaldi)에 의해 완전한 형식으로 확립되었고, 바흐(J. S. Bach)에 의해 발전되었다. 리토르넬로의 어원은 반복, 복귀라는 뜻을 가진 리토르노(ritorno)에서 유래되었고, 14세기 이탈리아 춤곡에서 처음 사용된 것으로 추정된다.

비발디에 의해 확립된 리토르넬로 형식의 기본적인 구조는 R(리토르넬로)-E(에피소드)-R-E-R-E-R 같은 배열로 표기될 수 있다(권송택 39). 이러한 예는 비발디의 〈사계 The Four Seasons〉 중에서 〈겨울협주곡〉의 제1장을 들 수 있다.[19] 이 곡은 반주 오케스트라(리피에노) 악기들이 하나씩 들어가며 리토르넬로를 조용히 시작한다. 반복된 음형들이 점차적으로 쌓여져 불협화음을 만들면서 긴장감을 조성한다. 첫번째 리피에노(합주군)가 마지막 화음을 제시한 후 독주 바이올린이 에피소드를 빠르게 연주된다. 이 독주 악구의 끝에서 리피에노의 도입부 화음이 두 번 울린다. 그 다음 독주 바이올린과 리피에노가 같이 반복음으로 된 악구를 연주하면서 갑자기 빨라져 강도가 높아진다. 다시 독주 바이올린이 빠른 리듬으로 진행된다. 그 다

---

19) 바흐의 〈브란덴부르크 협주곡 Brandenburgische Konzerte〉도 리토르넬로 형식의 대표적인 예이다.

음 긴 독주가 이어지는데, 하나의 악구를 세 번 반복한다. 독주자와 리피에노가 짧게 빠른 대화를 한 후에 그 반복하는 음을 마지막 리피에노가 연주되면서 불협화음의 진행을 구축한다. 이 마지막 리피에노 부분은 첫번째 리피에노 부분이 변화된 형태로 나타난다(김문자 357-58). 비발디의 〈겨울협주곡〉에서처럼 리토르넬로가 순환하여 다시 출현할 때, 이는 첫번째 리토르넬로와 같은 형태로 나오지 않는다. 또한 마지막 리토르넬로를 제외한 중간의 리토르넬로들은 일부가 생략되거나 단편적으로 사용되어 길이가 다소 짧아지기도 한다.

이 리토르넬로 형식을 도식화하면 A-B-A'-C-A"···A'''로 요약된다. 이런 의미에서 변형되면서 반복되는 A의 계열들이 리토르넬로라고 볼 수 있다. 하지만 상이한 A가 반복된다는 점에서 이것은 동일한 형태의 반복이 아니라 차이의 반복이다. 간단히 말해 리토르넬로란 차이를 생산하는 반복이 변형된 개념이라고 할 수 있다. 이러한 반복을 통해서 비발디와 바흐의 작품들은 모호하고 혼란한 상태에서 벗어나 일정한 질서와 통일성을 부여받는다. 이렇듯 차이화하는 "반복을 통해서 질서 혹은 통일성을 만들어 내는 방식"(《노마디즘 2》 217)이 리토르넬로라고 할 수 있다.

들뢰즈는 리토르넬로를 방향적 성분·차원적 성분·이행적 성분으로 구분한다. 먼저 방향적 성분은 방향을 표시하는 성분이다. 그것은 출생과 같은 영토적인 기원을 담고 있는 성분이다. 차원적 성분은 자기 나름의 표현적인 질서를 구성하는 성분이다. 이행적 성분은 하나의 배치에서 다른 배치로 이행하게 하는 성분이다(《노마디즘 2》

230). 이 세 가지 성분 각각은 카오스의 힘, 대지의 힘, 우주의 힘으로 분류될 수 있다. 이 힘들은 서로 마주치고, 리토르넬로 속에서 한 곳에 집중한다.

들뢰즈는 리토르넬로의 세 가지 변환을 《천 개의 고원》에서 고전주의 음악, 낭만주의 음악, 모던 음악과 대응시킨다. 방향적 성분으로서 카오스의 힘은 고전주의 음악, 차원적 성분으로서 대지(혹은 영토)의 힘은 낭만주의 음악, 마지막으로 이행적 성분으로서 우주의 힘은 모던 음악과 상응한다. 이런 맥락에서 들뢰즈가 제시하듯이, 고전주의의 중심은 카오스에 질서를 부여하는 것, 무정형의 질료에 형식을 부과하는 것, 그리고 형식을 구체화된 질료로 변형시키는 것이다. 고전주의가 카오스에서의 질서를 창조하는 것과 연관이 있다면, 낭만주의는 영토의 정초와 관련이 있는데, 낭만주의 음악은 풍경과 배경과의 연상을 불러일으킨다는 점에서 영토적이다. 또한 낭만주의는 형식적으로 변주의 원리로서 특징화된다. 즉 낭만주의 음악가는 형식을 연속적으로 전개하는 거대한 형식으로 만들고, 대지의 힘들을 결집하며, 질료를 연속적인 변주에서 움직이도록, 즉 움직이는 질료를 표현한다. 따라서 형식과 질료 양쪽 모두는 일정한 변주 과정 속에 포함된다. 대조적으로 모던(근대) 작곡가는 형식과 질료, 그리고 힘을 다루는 다른 방식을 활용하는데, 질료를 우주적 힘을 포착할 수 있는 분자적 소재로 변환시킨다. 모던 음악에서 본질적인 것은 "더 이상 형식과 질료, 또한 주제 속에 존재하지 않고, 힘과 밀도, 강도 속에 존재한다"(AT 343).

## 2) 고전주의 음악

들뢰즈는 고전주의 음악을 카오스에 질서를 부여하는 것이라 말하며, 영토, 환경과 리듬, 그리고 카오스의 개념을 통해 고전주의 음악을 설명한다. 그는 영토의 구성 요소로서 환경과 리듬을 든다. 들뢰즈가 설명하듯이, 영토는 하나의 환경이 아니고 여분의 환경도 아니다. 또한 영토는 하나의 리듬도 아니고 환경들 간의 이행도 아니다. 영토는 사실상 환경과 리듬을 촉발시키는 하나의 행위이자, 환경과 리듬을 영토화하는 행위이다. 이렇게 영토를 형성시키는 요소들은 환경과 리듬이고, 환경과 리듬은 자체적으로 카오스에서 창조된다. 즉 "카오스로부터 환경과 리듬이 생겨난다"(AT 313). 들뢰즈는 클레의 카오스 개념을 차용한다. 클레가 "카오스의 점은 […] 질서의 영역 속으로 도약한다. 따라서 창조된 질서는 그것에서부터 모든 방향으로 도약한다"(Klee 4)라고 상술하는 것처럼, 카오스는 미분화되지 않고 사유 불가능한 흐릿함이 아니라, 질서가 자발적으로 발현하는 발생 매개체이다. 카오스는 질서의 점이 발생할 수 있는 방향 벡터들을 가진다. 이런 의미로 카오스는 방향 공간을 묘사하고, 들뢰즈는 그 공간을 환경이라고 부른다.

하나의 환경은 공간-시간이 코드화된 블록이고 주기적인 반복에 의해 규정된다. 가령 아메바는 그것 주변의 외부 환경, 아메바 기관들의 내부 환경, 세포막을 통해 내부와 외부의 교환이 일어나는 중간 매개 환경, 마지막으로 햇빛과 먹이 그리고 다른 에너지 근원과 같은 부속 환경이 있다. 비록 하나의 환경이 공간-시간이 코드화된 블록일지라도, 모든 환경은 다른 환경들과 접속한다. 즉 각 코드는 영속적인 변환코드화(transcoding)의 상태에 있다. 이렇게 환경들은 본질적으로 서로 소통하고 있다. 주지하듯이, 환경은 카오스에 열려 있으며, 카오스는 환경을 소진시키거나 침입하며 위협한다. 그러나 환경은 카오스에 맞선다. 그것이 바로 리듬이다. 즉 "리듬은 카오스에 대한 환경의 응답이다"(AP 313). 코드가 변함에 따라 하나의 환경에서 다른 환경으로 이동할 때, 혹은 몇몇 환경이 서로 소통하여 서로 다른 공간-시간이 발생할 때 리듬이 발생한다. 가령 아메바가 아메바 운동을 할 때 아메바의 네 가지 환경 각각이 소통해야 하는데, 이 소통에서 아메바 운동의 리듬이 발생할 수 있다.

그런데 두 환경 사이에서 혹은 환경과 카오스 사이에서 발생하는 리듬과 이러한 반복의 박자(measure, 혹은 meter)를 구별해야 한다. 들뢰즈에 의하면, 박자는 동일한 것의 반복을, 되풀이하여 재생산되는 자기 동일적인 양식의 반복을 함축한다. 반면 리듬은 "동일하지 않거나 혹은 통약 불가능한 것이고, 언제나 변환코드화의 과정 속에 존재하고, 동질적인 공간-시간이 아니라 이질적인 블록들로"(AP 313) 작용한다. 부연 설명하면, 박자란 리듬을 시간적으로 분절하는 형식이고, 이는 음가(音價)와 강약에 의해 리듬에 규칙적인 통일성을 부여하는 일종의 척도(measure)로 기능한다. 이는 meter라고 부르기도 하는데, 2박자, 3박자, 혹은 4분의 3박자, 8분의 6박자 등 박자가 갖는 척도적인 측면을 강조하는 말이다. 그런데 그것은 시간적인 길이로 표시되는 음가만이 아니라 강함과 약함을 갖는 박(pulse)을 갖고 있다(《노마디즘 2》 221). 리듬 또한 박자와 같이 반복을 특징으로 갖고 있지만 동일한 것의 반복이 아닌 차이의 반복이라고 할 수 있다.

생명을 유지하기 위한 아메바 운동의 리듬은 환경의 간접적인 부산물이 아니라 환경의 근본적인 구성 요소이다. 리듬이 차이의 반복이듯이, 환경은 실제로 주기적인 반복에 의해서 존재하지만 그러한 반복은 환경이 다른 환경으로 전환하는 차이를 생산하는 결과를 가진다. "차이는 리듬적이고, 반복이 아니지만, 반복은 차이를 생산한다. 그러나 그 생산적인 반복은 재생산적인 박자와는 아무런 관련이 없다"(AP 314). 그리고 차이의 반복으로서의 리듬은 질서와 통일성을 부여할 수 있다. 예를 들어 트로트 리듬, 다양한 댄스곡 리듬, 발라드 리듬을 쉽게 구별하는 것처럼, 우리는 리듬을 통해 음악 장르를 구분할 수 있다. 이처럼 음악에서 리듬은 차이와 반복을 통해 하나의 장르로서 영토화될 수 있다.

살펴본 대로 들뢰즈는 영토의 구성 요소를 환경과 리듬이라고 하고, 카오스로부터 환경과 리듬이 발생한다고 하며, 카오스를 길들여 형식을 부여하는 것이 바로크 음악과 고전주의 음악의 특징이라고 한다. 즉 이 음악 양식들은 카오스로부터 질서를 창조하는 양식이라고 할 수 있다.

바로크 음악은 약 1600년부터 1750년까지의 시대와 그 음악 양식을 의미한다. 일반적으로 1600년에서 1685년까지를 초기 바로크 음악이라고 하고, 1685년에서 1750년까지를 후기 바로크 음악이라고 한다. 그런데 1700년대 초반은 후기 바로크 양식이 사라지지 않은 상태에서 초기 고전주의 음악의 양식이 드러나기도 한다. 초기 바로크 음악에는 기악 음악보다 성악 음악이 우세했던 반면, 후기 바로크 음악에서는 초기에 생겨났던 기악 형식이 더욱 세련되게 발전되었고, 바로크 기악 음악은 바흐의 음악으로 정리된다(노정희 113-14).

바로크 음악은 표현의 자유라는 원심적인 힘과 질서와 규칙이라는 구심적인 힘과의 갈등과 긴장을 보여준다. 이러한 양면성의 전제가 이 시기의 음악 양식을 특징짓는 가장 중요한 원리이다. 초기 바로크 시대에는 두 종류의 성악 양식이 대비되어 발전되었는데, 하나는 레치타티보(recitativo)로서 음악적 낭송의 강조와 자유 리듬, 단순환 선율을 고수하는 것이고, 다른 하나는 대규모 형식의 관현악의 반주를 수반하는 성악작품인 아리아(aria)로서 규칙적인 리듬과 유려한 선율을 갖는다. 바로크 음악의 이러한 양면성은 자유와 즉흥성, 혹은 통제와 엄격성으로 표현될 수 있다(김문자 284). 이러한 바로크 음악은 2부분 형식과 3부분 형식, 그리고 대위법 형식을 특징으로 한다.

바로크 음악의 뒤를 이어 고전주의 음악은 18세기 중반부터 19세기 초반까지 유럽을 중심으로 해서 발생된 음악 양식을 지칭한다. 바로크 양식 이후 다양하게 형성된 여러 음악 양식들 중 가장 뛰어난 보편성과 높은 예술성으로 이 시기의 서양 음악을 대표하게 되는 고전 음악은 빈을 중심으로 활동했던 음악가들, 일명 빈 학파의 하이든(F. J. Haydn)과 모차르트(V. A. Mozart), 베토벤(L. van Beethoven)에 의해 그 내용과 형식을 완성하게 된다.

조화와 균형, 그리고 질서를 중히 여기는 고풍의, 고상한, 전형적인, 모범의, 최고의 의미를 갖는 고전이라는 말은 음악에서도 같은 의미로 적용된다. 즉 형식의 완벽성이나 내용의 다양함 등으로 가장 보편적이고도 지속적이며 또한 영구적인 가치를 지니고 있기에 여러 양식의 음악들의 모범이나 표본이 되는 음악을 가리킬 때 쓰이는 말이다. 고전주의 음악은 단순하고 명료하며 동시에 자연스런 음악의 추구를 이상으로 하였다. 이와 같은 음악적 이상은 형식이라는 객관성과 단순성, 그리고 명료함을 필요로 하게 되었고, 이러한 음악적 요구를 음악가들은 소나타라는 형식을 통해 충족시켰다(노정희 147-48). 이렇게 소나타는 고전 음악에서 작품 창작의 구심점이 된 것이다.

비록 바로크 음악과 고전주의 음악에서 사용된 형식에는 차이가 있지만, 두 가지 모두가 엄격한 형식에 의해 만들어지는 아름다움을 주요한 규범으로 삼는다. 이런 맥락에서 들뢰즈는 "바로크 음악과 고전주의 음악 사이에는 본질적인 차이가 없다고 말하며, 바로크적 음악은 고전주의의 밑바닥에 깔려 있는 토양"(《노마디즘 2》270)이라고 말한다. 즉 그는 고전주의 음악과 바로크 음악을 같은 범주로 취급한다.

들뢰즈가 설명하듯이, 고전주의에서 문제는 카오스에 질서를 부여하는 것, 무정형의 질료에 형상을 부과하는 것, 그리고 형상을 구체화된 질료로 변형시키는 것이다. 이런 의미로 고전주의는 형상-질료 혹은 형식-실체 관계를 언급한다. 질료는 구획화되고, 중심화되고, 계층화된 연속적인 형상(혹은 형식)들에 의해 조직화된다. 각 형식은 환경의 코드와 같고, 하나의 형식에서 다른 형식으로의 이행은 각 코드가 변환하는 것이다. 고전주의 예술가는 환경들을 분류하고 분리하며 조화롭게 하고, 환경들의 혼합을 조절하고 하나의 환경을 다른 환경으로 이행시킨다. 여기서 들뢰즈는 2부분 형식과 3부분 형식,

그리고 대위법 형식을 특징으로 하는 바로크 음악과 초기 고전주의 음악 작품들의 전반적인 구조들이 상대적으로 단순한 형식 단위들의 병치를 통해 구축된다는 점을 강조한다.

이러한 예로 조곡, 파사칼리아, 푸가 등을 들 수 있다. 바로크 시대의 조곡은 춤곡의 모음곡으로서, 대부분의 춤곡 형식은 반복되는 2부분 형식과 3부분 형식이다. 각 악장들은 서로 박자와 빠르기가 대조적이지만 같은 조에 기초한다. 바로크 시대에 순수 기악곡으로 양식화된 파사칼리아는 느린 3박자로 4-8소절의 주제가 전곡을 통해 반복되는 변주곡 형식이다. 또한 바로크 음악의 기초가 되는 푸가의 형식은 뚜렷하게 구분되는 2부분, 즉 주제제시와 에피소드의 교대이고, 이러한 구조를 바탕으로 진행된다. 우리는 이러한 실례를 통해 바로크 음악이 "역동성과 안정성, 충동과 질서, 불규칙성과 규칙성의 이분법"(《노마디즘 2》 272)을 이용했다고 볼 수 있다.

이러한 고전주의 음악의 특징으로 인해 들뢰즈는 고전주의 예술가는 하나-둘(One-Two)의 이분법을 사용한다고 말한다. 즉 형식은 둘로 분리되고 하나-둘로 미분된다. 구분되는 하나-둘은 다음과 같이 서로에게 답을 한다. "우선 피아노가 짝으로부터 버림받은 새처럼 홀로 슬피 울며 연주하였고, 바이올린이 옆 나무에서 이를 듣고 피아노에게 답했다. 마치 세상이 새롭게 시작되듯이, 대지에는 오직 이 둘 밖에는 없는 듯했다"(AT 338). 들뢰즈는 하나-둘의 논리로 만들어진 고전주의 음악의 예로 소나타의 첫번째 악장을 든다.

일반적으로 소나타는 빠르고 경쾌한 1악장, 느리고 서정적인 2악장, 명랑하고 가벼운 춤곡 형태인 3, 4악장으로 구성된다. 특히 1악장에 반드시 소나타 형식을 사용해야 한다.[20] 소나타 형식은 제시부, 발전부, 재현부로 나누어진다. 제시부에서 주제가 제시되고, 발전부에서는 제시된 주제를 발전시켜 나가게 되며, 재현부에서는 주제를 다시 재현하게 된다. 제시부는 제1주제와 제2주제로 구성되는데, 제1주제는 빠르고 힘차며, 제2주제는 대부분 느리고 서정적이다. 발전부에서의 주제들은 새롭게 모색되어지거나 결합되어지기도 하고 조성도 다양하게 변화하게 된다. 재현부에서는 주제의 재현이 이루어진다. 이때 주제들은 작품 전체의 안정감과 통일성, 조화로움을 주게 된다. 경우에 따라 재현부 끝에 종결부(Coda)가 덧붙여지기도 하는데, 특히 베토벤의 작품에서 많이 발견된다. 들뢰즈는 이와 같은 특징을 같은 소나타를 일종의 이원적 주제론에 토대로 둔 대단히 경직되고 틀에 짜여진 형식이라고 한다(AP 190).

이렇게 고전주의 음악의 각 형식 단위가 하나의 환경이고, 형식들 사이의 이행이 환경 코드들의 변환이라는 의미에서 들뢰즈가 제시하는 것이 카오스의 힘이다. 왜냐하면 고전주의 예술가가 맞서는 것이 바로 카오스이고, 카오스의 힘들이고, 실체를 만들기 위해 부과해야 하는 형식의 힘이며, 환경들을 만들기 위해 부과해야 하는 코드의 가공되지 않고 길들이지 않은 질료의 힘이기 때문이다. 그러므로 "고전주의 예술가의 임무는 신의 임무, 즉 카오스를 조직하는 것이

---

20) 소나타의 어원은 이탈리아어인 suonare(연주하다)에서 유래한 말로서, 본래 가창을 위한 칸타타와 구별하기 위한 기악곡을 의미한다(라이히텐트리트 150). 따라서 단일 악장의 형식을 의미하는 소나타 형식과 여러 악장들로 구성된 악곡 전체를 나타내는 소나타를 혼동해서는 안된다(카미엔 I 274).

고, 그의 유일한 외침은 창조! 창조이다!"(AP 338). 모차르트의 〈마술피리 The Magic Flute〉에서처럼, 새소리의 리토르넬로는 새롭게 창조된 천상 세계의 음악으로 전환하면서 밤의 여왕(the Queen of the Night)의 카오스를 극복한다. 즉 그 곡의 새소리는 카오스 속에서 날아올라 다시 카오스 한가운데서 질서를 만들기 시작한다. 이는 '어둠 속에서 두려워하는 아이는 자신을 안심시키기 위해 노래를 부르고, 이런 행동에서 카오스 속에 안정된 상태, 즉 비차원적인 공간 속에서 질서의 장소를 설정한다'는 리토르넬로의 방향적 성분을 의미한다고 볼 수 있다.

## 3) 낭만주의 음악

《천 개의 고원》에서 고전주의와 낭만주의, 그리고 모더니즘의 전통적인 시대 개념을 질서의 환경 점, 영토의 순환, 그리고 우주적 탈주선으로 구분하듯이, 고전주의 음악은 카오스의 힘들을 질서 잡힌 환경으로 만드는 데 반해, 낭만주의 음악은 대지에, 영토의 정초에 집중한다. 들뢰즈는 고전주의 음악에서 낭만주의로의 전이를 가능하게 한 위대한 업적을 빈 고전주의 악파의 소나타에서 찾는다. 소나타의 첫번째 악장을 제외한 나머지 악장에서 낭만주의로의 전이를 확인할 수 있다.

소나타에서 하나의 세포를 형성하는 것은 첫번째 악장이며, 위대한 음악가는 이러한 짜여진 형식을 그대로 따르지 않는다. 소나타의 나머지 악장들, 특히 두번째 악장은 주제나 변주에 의해 열려져, 교향시 안에서 악장들의 융화를 확고히 했던 리스트와 같은 경지에 이르기도 한다. 따라서 소나타는 교차로와 같은 형식으로 나타날 수 있으며, 거기서의 구성상의 열림은 음악적인 단면들의 결합, 청각적 구성물들의 종결로부터 생겨난다. 이런 점에서 주제의 화성적 틀을 견지하는 주제와 변주라는 낡은 방식은 쇼팽과 슈만, 그리고 리스트처럼 피아노가 구성을 위한 연습곡들을 양산해 낼 때 일종의 틀로부터 일탈에 자리를 내어 주게 된다(《철학이란 무엇인가?》 275-76).

무엇보다도 낭만주의 예술은 현실과의 격리감과 기이함이라는 특성을 한층 더 강조한다는 점에서 고전주의 예술과 구별된다. 이러한 강조는 소재의 선택과 취급 방법에서도 마찬가지이다. 낭만주의 예술은 당면하는 시대와 상황을 초월하여 영원한 것을 포획하려 하고, 과거로 되돌아가는가 하면 미래를 내다보며, 현실 세계의 범위를 넘어 대우주로 나아가려고 한다. 반면 고전주의는 질서와 균형, 통제, 그리고 일정한 한계의 완전성을 이념으로 한다. 낭만주의의 이념이 자유와 활동, 열정과 같이 결코 성취될 수 없는 것을 목표로 하는 것과 마찬가지로, 낭만주의 예술도 성취할 수 없는 것에 대해 동경하고 갈망한다.

현실과의 격리, 무한계성이 낭만주의적인 것이라면, 음악은 예술 중에서도 가장 낭만주의 적일 것이다. 왜냐하면 음악은 낭만주의 예술의 고유한 영역인 인상과 사상, 그리고 감정의 흐름을 암시하는 데 있어 가장 적합하기 때문이다(그라우트 650). 대체적으로 가사의 부담을 벗어난 순수 음악인 기악만으로도 감정을 전달하는 목적을 완전히 이룰 수가 있다. 이런 입장에서 기악은 이상적인 낭만주의 예술로 간주된다. 즉 현실 세계로부터의 분리, 신비성, 그리고 가사의 중재 없이 직접적으로 마음에 작용하는 암시적인 상상력은 기악을 19세기의 모든 예술에서 가장 대표적이고 지배적인 예술로 만들었다.

기악이 완전한 낭만주의적인 예술이었지만, 19세기의 낭만주의 음악의 가장 특징적인 형식은 리트(lied, 예술가곡)인데, 이는 슈베르트(F. P. Schubert)와 슈만(R. A. Schumann), 브람스(J. Brahms) 등이 음악과 시 사이에 새롭고 친밀한 결합을 이룩한 성악 작품이다. 리트가 19세기 초에 발달했던 중요한 요인은 피아노의 지속적인 발달이었다. 19세기 초의 피아노는 새로운 페달 기법에 힘입어 아름다운 음색을 표현할 수 있었고, 이것은 사람의 목소리와 잘 화합하여 성악 성부의 소리를 보강하거나, 서정적이고 극적으로 사람의 목소리에 이상적인 반주를 제공하였다. 대부분의 낭만주의 기악곡, 특히 모차르트와 하이든의 후기 작품, 그리고 베토벤의 작품은 교향곡의 극적인 면보다는 리트의 서정적인 정신이 지배적이었다. 더 나아가 19세기의 중심적인 많은 작곡가들은 문학적 표현에 대해 관심을 많이 가지며 이것을 음악적으로 다루어 나갔다.

이렇게 19세기 음악에서 한편으로는 순수한 기악을 낭만주의적 표현으로 이상화하는 것, 다른 한편으로는 문학적인 경향을 보여주었다는 것, 이 둘 사이에 놓여 있는 모순은 표제음악(program music)으로 해결되었다. 표제음악은 리스트(F. Liszt)와 그 외의 여러 작곡가들이 그 시대에 사용했던 용어로, 수사적인 음형을 사용하거나 자연계의 음향이나 움직임을 모방하지 않고 상상력에 의한 암시를 사용한다. 이는 직접적인 표현으로서의 음악에 대한 리스트의 견해를 통해 확연해진다.

음악은 감정을 강요하지 않고 구체적으로 표현하면서(대부분의 다른 예술, 특히 언어예술에 있어서 강압적으로 표현되는 바와는 달리) 사상을 대립시키거나 또는 결합시킨다. 음악이 인간 영혼의 인상을 재현하는 다른 표현수단에 비해 장점이 있다면, 하나하나의 내적 충동을 이성의 도움 없이도 청중들이 들을 수 있도록 가장 잘 표현한다는 점이다. 이성은 우리의 정서를 확인하거나 묘사할 수는 있으나, 이 정서를 직접적으로 그 강렬한 정도를 온전히 전달할 수는 없다. 그리고 비슷하게나마 전달하기 위해서도 연상되는 이미지와 비교 대상을 찾아야 하며, 그 형식의 다양성에 있어서도 제한을 많이 받는다. 반면에 음악은 감정 표현을 전달하면서 동시에 그 강렬함마저도 전달한다. 음악은 우리의 감각에 의해 인지될 수 있는 감정 구현의 진수로서, 우리의 감각기관에 화살처럼, 빛살처럼, 이슬처럼, 정령처럼 침투하여 우리의 영혼을 채워 준다(그라우트 651).

표제음악은 상상된 소재를 받아들여 그 형태를 바꾸고 그것을 음악 차원으로 끌어들이는데, 그 결과로 생겨난 곡이 표제를 포함하고 있음에도 불구하고 표제음악은 완전히 그것을 초월하여 표제에서 독립되는 것을 목표로 삼았다. 베토벤의 〈전원 Pastorale〉 교향곡은 표제음악의 시초라고 할 수 있다. 이 곡은 5악장으로 구성되어 있는데, 제 1악장의 시골에 도착한 즐거운 기분, 제2악장의 시냇가의 풍경, 제3 악장의 농부들의 즐거운 모임, 제4악장의 폭풍, 그리고 마지막 악장 의 폭풍 후의 양치기의 노래로 구성되어 있다. 특히 2악장의 끝에 나 오는 플롯, 오보에, 클라리넷의 묘사적 음형들은 나이팅게일, 뻐꾸 기, 메추리 등의 새소리를 통하여 전원의 목가적 분위기를 절묘하게 표 현한다. 베토벤은 이 표제들을 글자 그대로 해석하지 말 것을 당부한 다. 그는 "이 표제들을 묘사라기보다는 감정의 표현"(그라우트 632) 이라고 하였다.

베토벤의 〈전원〉교향곡 이외의 19세기 중반까지 표제음악의 작곡 가는 멘델스존(B. F. Mendelssohn), 슈만, 베를리오즈(L. H. Berlioz), 리스트, 드뷔시(A. C. Debussy), 슈트라우스(J. B. Strauss) 등이 있다. 그라우트(D. J. Grout)는 우리가 낭만주의 음악 작품을 정경이나 이야 기 혹은 시에 결부시키기 쉬운 이유는 작곡가 자신이 그런 생각을 품 고 작품을 썼기 때문이라고 한다(651). 음악 저술가들은 베토벤의 기 악 작품뿐만 아니라 모차르트, 하이든, 그리고 바흐의 기악 작품에 서도 낭만주의적인 표제성을 포착하기도 한다.

들뢰즈는 표제음악을 자신이 낭만주의 음악의 특징으로 구분한 영 토의 정초와 연결하는데, 이 음악은 리듬적 인물과 선율적 풍경의 특 징을 갖는다고 한다. 리듬적 인물과 선율적 풍경은 음악과 영화의 경 우를 복합하여 만든 개념이라 할 수 있다. 대체적으로 영화에서 카메 라는 인물의 움직임을 따라간다. 움직이는 인물과 결합하여 다양한 장면과 다양한 풍경이 만들어 진다. 혹은 다양한 배경과 풍경 속에 인물들이 배치되기도 한다. 따라서 인물은 이어지는 시퀀스를 하나의 장면으로 포착하는 요소이다. 여기서 인물이란 반복의 방식으로 일련의 장면들에 통일성을 부여하는 요소로서 역할을 하고, 풍경은 끊임없이 변화한다. 이렇게 인물이 이어지는 장면에 하나의 연속성을 부여한다면, 풍경은 그것을 동일한 장면에 머물지 않게 차이화하는 역할을 한다. 이런 맥락에서 들뢰즈는 일정한 규칙에 따라 반복되는 움직임과 비슷한 반복을 통하여 통일된 움직임을 일컫는 리듬을 통상적으로 인물과 대응시키고, 음의 흐름인 선율을 풍경과 대응시킨다. 리듬적 인물과 선율적 풍경이 결합되면서 다양한 이야기가 만들어지는데, 특히 선율적 풍경이 변화하면서 리듬적 인물은 전혀 다른 배치가 되기도 한다. 가령 〈뻐꾸기 둥지 위로 날아간 새 One Flew over the Cuckoo's Nest〉에서 맥머피(McMurphy, 잭 니콜슨)는 교도소에서 정신 병동으로 후송된다. 교도소에서 그는 정상인이지만 범죄자로서 취급받는 반면, 정신 병원에서는 정상인인 그도 비정상인으로 취급받는다. 반복이 차이를 생산하는 것처럼, 선율적 풍경에 따라 반복되는 리듬적 인물은 반드시 차이를 생산할 것이다. 들뢰즈가 리듬적 인물과 선율적 풍경 속에서 강조하는 바는 반복이 동일한 것의 반복이 아닌 차이의 반복으로 정의되는 반복과 그 차이의 양상을 포착하려는 것이라 할 수 있다.

들뢰즈는 또한 리듬적 인물과 선율적 풍경을 바그너(R. Wagner)와 리스트의 음악에서 확인한다. 그는 "하나의 인물, 하나의 주체에 혹은 하나의 충동에 하나의 리듬이 연결되는 단순한 상황에 처해 있지 않을 때 리듬적 인물이 생겨난다"(AP 318)라고 설명하는데, 여기서 리듬은 항상성을 가질 수도 있지만 증대되거나 감소되기도 한다. 이는 바그너가 자신의 오페라에서 사용하는 유도동기(letimotif) 방식에서 드러난다. 유도동기는 "극의 특정인, 특정 장면, 특정 이념과 연관된 음악적 주제, 또는 음악적 동기(모티프)이다"(그라우트 738). 바그너는 관련 대상이 처음 나타날 때 혹은 그 대상을 처음으로 언급할 때 유도동기를 사용하는데, 이후에 그 대상이 다시 등장하거나 언급될 때 유도동기를 반복함으로써 연관성을 확립한다. 유도동기는 새로운 상황에서 반복될 때마다 그 의미를 더해간다. 유도동기는 대상이 존재하지 않는 상황에서 대상을 기억하는 데 사용되기도 하며, 줄거리의 전개에 맞추어 변화되거나 발전되거나 변형되기도 한다. 즉 바그너는 유도동기를 사용할 때 리듬을 긴박하게 혹은 느리게 사용하여 속도와 긴장, 강약과 색채감의 변형을 이용한다.

유도동기가 반복적으로 출현함으로써 바그너의 음악극들은 음악적으로는 통일감을 가질 수 있게 된 것이 사실이지만, 바그너는 이보다 큰 의미에 있어서의 통일감, 즉 전체적인 구성을 지배하는 형식적 구조를 필요로 하게 되었다. 그리하여 그는 3부분 형식(A-A-B 혹은 A-B-A)을 주로 사용했는데 여기서 한 부분이 그대로 반복되는 것이 아니라 반복은 여러 가지 방법으로 변형되어 출현하기 때문에 특별히 관심을 기울여 듣지 않으면 구조를 잘 알아챌 수 없도록 되어 있다(김문자 634).

따라서 유도동기가 드뷔시의 비판처럼 어떤 사건의 숨겨진 상황이나 어떤 인물의 감춰진 충동을 나타내는 표식일 수도 있지만(AP 319), 작품이 전개됨에 따라 다양한 동기(모티프)들이 연관성을 갖게 되면 각각의 유도동기는 드라마의 줄거리, 충동이나 상황으로부터 자율성을 획득할 것이다. 다시 말해 유도동기는 더 이상 무대에 등장하는 인물에 결부되는 것이 아니라 유도동기가 나타날 때마다 그 자체로 각각의 리듬적 인물로서 역할을 할 수 있을 것이다. 이런 의미로 들뢰즈는 바그너에게는 리듬적 인물의 내재화가 모범적으로 나타난다고 한다.

한편 들뢰즈는 리스트의 작품에서는 음의 풍경이나 선율적 풍경의 내재화가 모범적으로 나타난다고 하는데, 이것은 리스트의 교향시[21]에서 확연히 드러난다. 그는 열세 개의 교향시를 작곡하는데, 각 작품의 내용과 형식은 표제가 부여되고, 그 표제들은 "음악의 줄거리를 말해 주는 것이 아니라 음악과 병행하는 것, 즉 유사한 생각과 비슷한 감정을 다른 매체를 통해서 환기시키는"(그라우트 703) 기능을 한다. 가령 그의 작품 〈전주곡 Preludio〉에는 "사랑(인생의 완성), 폭풍우(이상을 위한 투쟁), 전원(자연의 고독), 전투(갈등으로의 회귀)"(카미엔 II 449)가 붙어 있는데, 폭풍우, 전원, 그리고 전투 등은 선율적 풍경의 역할을 한다고 볼 수 있다. 마찬가지로 들뢰즈는 "풍경의 음악 예술, 음악 형식들의 가장 그림 같은 것, 그리고 가장 인상주의적인

---

21) 낭만주의 시기에 작곡된 표제음악의 유형에는 표제교향곡, 교향시, 음악 회용 서곡, 연극음악, 그리고 짧은 피아노 소곡이 있다. 이 중에서 교향시가 가장 전형적인 19세기의 산물이다(김문자 566). 리스트는 자신의 작품을 교향곡이라고 하지 않았는데, 그 이유는 길이가 비교적 짧고 전통적인 배열에 의한 독립된 악장들로 구성되지 않았기 때문이다(그라우트 702).

것"(AP 319)으로 낭만주의의 리트를 특징화한다. 살펴본 대로 리트는 19세기 낭만주의의 성향이나 작곡가들의 기호에 맞는 형식들 중 하나였는데, 특히 낭만주의 작곡가들은 19세기 문학에 깊이 심취해 있었고, 또한 그들의 이와 같은 문학적 감성은 그들로 하여금 아름다운 시말에 그들의 선율을 담아내게 하였다(《서양음악의 이해》 194). 이러한 리트의 대표적 작가인 슈베르트의 〈겨울나그네 Winterreise〉에서 선율적 풍경이 나타나는데, 그 곡을 구성하는 24곡에서 연인에게 버림받은 청년이 어두운 밤에 겨울 풍경 속을 정처 없이 떠돌아다니는 묘사는 리듬적 인물과 선율적 풍경을 의미한다고 할 수 있다. 들뢰즈에 의하면, 리트에서의 선율적 풍경은 특정한 풍경과 결합되어 있는 하나의 선율이 아니라 선율 그 자체가 음을 풍경을 이루며, 잠재적 풍경과의 모든 관계 역시 대위법을 따르게 된다.

들뢰즈는 표제음악과 리트의 리듬적 인물과 선율적 풍경의 특징처럼, 낭만주의 음악이 환기적인 풍경과 배경과의 연상을 불러일으킨다는 점에서 영토적이라고 하는데, 이것은 형식적으로 변주의 원리로서 특징화된다. 고전주의 음악가는 카오스의 질료에 형식을 부과하고, 형식화된 실체를 형성하는 반면, 낭만주의 음악가는 형식을 "연속적으로 전개하는 거대한 형식으로, 대지 힘들의 결집체"로 만들고, 질료를 "연속적 변주에서 움직이는 질료"(AP 340)로 표현한다. 낭만주의에서 질료는 내용의 질료가 되는 것을 멈추고, 표현의 질료가 된다. 그리고 그 표현의 질료는 또한 연속적 변주에서 움직이는 질료이다. 이렇게 낭만주의 음악은 질료가 연속적으로 변주되고 형식이 연속적으로 전개되며, 새로운 관계 속에 질료와 형식이 배열되는 배치가 되어, "형식은 카오스의 힘들을 정복하는 코드가 되기를 멈추고 힘 그 자체가 되고, 대지의 힘들의 총합이 된다"(AP 338). 이러한 유기적 형식들은 낭만주의 예술을 통해 명확하게 나타나고, 분명히 연속적으로 전개되는 형식들이고, 활동적으로 형태화하는 힘들로서 기능하는 형식들이다. 이러한 형식들에 의해 형태화된 것이 영토적 리토르넬로이다.

들뢰즈는 영토적 리토르넬로를 발견할 수 있는 작품으로 말러(G. Mahler)의 《대지의 노래 *Song of the Earth*》의 끝부분을 예로 든다. 그것은 "두 가지 모티프, 즉 새의 배치들을 환기시키는 선율적 모티프와 영원히 심오한 대지의 호흡을 속삭이는 리듬적 모티프"(AP 339)를 결합시킨다. 《대지의 노래》는 말러가 제1교향곡에서부터 발전시켜온 끊임없는 변주, 동일한 반복이 없는 짜임새로 이어지는 선율의 대위법적 진행 등의 특징을 갖는다. 이와 같은 작법의 결과로 음향은 세부적인 음색을 표현하여 즉흥곡과 같은 울림을 갖게 한다(이경숙 169). 《대지의 노래》는 관현악 반주에 의해 노래되는 여섯 개의 악장으로 구성되며, 5음 음계를 사용해서 가사의 이국적인 분위기를 효과적으로 표출하고 있다(김혜정 271). 이 곡은 두 부분으로 나눌 수 있는데, 다섯 개의 작은 규모의 악장이 첫 부분에 해당되고, 앞의 다섯 곡을 합친 것과 같은 길이를 가지는 마지막 곡인 〈이별〉이 두번째 부분이 된다. 이 곡은 관현악의 복잡한 구성과 단순한 선율들의 대조, 협화음과 불협화음의 동시 사용 등과 같은 특성을 가진다(《20세기 음악 1》71). 깊이 울리는 탐탐, 오보에의 가슴을 찌르는 듯한 울림, 호른과 클라리넷 위로 흐르는 사라지듯 들리는 행진곡 리듬이 우울하고 비극적인 분위기를 표현한다. 더블베이스 소리 위로 장식적인 보조 선율인 플루트가 산속에 해가 진 황혼이 찾아오고 밤의 신선함이 대지를 뒤덮는 분위기를 자아낸다. 이후 오보에 선율이 속삭이듯 흐르는 시냇물을 묘사하고 밤이 고달픈 사람들과 짐승들을 잠들게 한다. 자연의 모든 소리는 침묵과 어둠 속으로 파묻힌다. 그리고 갑자기 조성이 무너질 정도의 강렬한 불협화음으로, 폭발적인 난타가 이어지면서 대위법적인 진행이 계속된다(이경숙 224-25). 이와 같이 자연의 조용한 분위기를 환기시키는 선율적 모티프와 대지의 깊은 호흡을 불러내는 강렬한 리듬적 모티프가 적절하게 배치된 것은 《대지의 노래》의 마지막 악장인 〈이별〉일 것이다.

들뢰즈에 의하면, 《대지의 노래》에서 불협화음, 끊임없는 변주의 사용을 통한 외부로의 열림으로서의 대지는 선율의 대위법적인 진행을 통한 영토의 안정성을 약화시킬 수 있는 탈영토화하는 힘이다. 영토와 대지가 동시에 발생하지 않는 결과로 영토는 상실된 고향이 되고, 예술가는 상실된 영토로 귀환하려고 노력하는, 또는 대지에 의해 열린 탈영토화하는 벡터를 추적하는 낭만주의 방랑자 혹은 유랑자가 된다. 들뢰즈는 이것이 구현되는 낭만주의 음악 양식으로 리트와 교향곡, 그리고 오페라를 예로 든다. 특히 "리트는 영토이자, 동시에 상실된 영토이며, 벡터적 대지이다"(AP 340).

살펴본 대로 낭만주의 예술가는 고전주의 음악가처럼 균등하게 분산된 카오스의 힘을 길들이기보다는 대지의 결집된 힘과 맞서고, 《대지의 노래》에서처럼 그 힘의 위험을 지옥의 이미지 속에 형상화한다. 또한 리트와 교향곡의 특징처럼 낭만주의 음악에서는 형식 자체도 연속적인 전개 상태에 있는 대규모 형식이 되며, 모든 부분을 하나로 결집하는 대지의 힘을 받아들이지만, 질료는 조직해야 할 카오스가 아니라 연속적인 변주의 운동 상태의 질료가 된다. 이런 의미로 들뢰즈는 고전주의 예술가가 창조적인 신이라면, 낭만주의 예술가는 프로메테우스(Prometheus) 혹은 파우스트(Faust)처럼 신에 도전하는 영웅이라 한다. 낭만주의 음악가의 외침은 창조가 아니라, 신성화된 대지 위에 영토의 경계들을 추적하여 의미에서 영토의 정초이다.


## 4) 민중의 결여

영토와 대지의 관계는 낭만주의의 중심이다. 들뢰즈는 낭만주의 예술에서 민중의 역할에 대해 이런 맥락으로 접근한다. 먼저 19세기 음악의 사회적 배경을 살펴보자. 19세기 초 중산 계급인 대중들이 증가하게 되는데, 이로 인해 개인적인 후원제도가 사라지고 연주 단체와 음악제가 갑자기 많아지게 되었다. 작곡가들이 성공하기 위해서는 새롭고 폭넓은 청중들을 받아들여야 했다. 청중들이 음악을 듣고 이해할 수 있도록 만들려는 작곡가들의 노력은 광범위하게 이루어졌다. 그럼에도 불구하고 동료들로부터 소외감을 느끼는 예술가와 이렇게 고립된 생각을 가짐으로써 자신 안에서 영감을 찾으려고 노력하는 비사교적인 예술가의 모습을 흔히 보게 되는 것도 바로 이 시대이다. 이 음악가들은 18세기 음악가들이 후원자나 특정한 기능을 위하여 작곡했던 것과는 달리, 무한함, 후대, 그리고 자신을 이해하고 높이 평가해 줄 상상의 이상적인 청중을 위하여 작곡했다. 이는 베를리오즈, 바그너, 슈트라우스, 말러의 작품들과 슈만, 슈베르트, 멘델스존의 리트, 그리고 쇼팽(F. Chopin)의 피아노 작품들 속에 나타나기도 한다. 이렇게 개인적인 면에 치중하는 것은 낭만주의 예술에서 발견되는 측면이다. 19세기 성악곡 가운데에서 가장 훌륭한 것은 독창곡이었고, 작곡가를 하나의 예언자, 적대적인 환경과 싸우는 고독하고 영웅적인 인물로 보는 경향도 있었다(그라우트 652-53).

이렇듯 개인적인 영웅과 대중의 관계는 음악을 포함한 모든 19세기 예술에서 두드러진다. 그러나 들뢰즈는 집단성을 대변하는 작품들을 창조하려는 낭만주의 예술가들의 노력에도 불구하고, "낭만주의에서 가장 결여되어 있는 것은 민중이다"(AP 340)라고 한다. 들뢰즈는 이러한 예로 독일 낭만주의 음악을 든다. 독일 낭만주의에서 민중은 이상적으로 추상화된 상태로 존속하는데, 영웅은 민중의 영웅이 아니라 신화적인 대지의 영웅으로 존재한다. 만약 민중이 존재한다면, 그들은 대지에 의해 조정된다. 그리고 지역에 아무리 많은 사람들이 있을지라도, 영웅은 고독한 방랑자로서 영토를 차지한다. 영토는 '하나인 홀로'(One-Alone)의 영역, 고독한 영웅의 영역이고, 대지는 '하나인 전체'(One-All)의 영역이며, 그곳에서 민중은 우주의 이상(理想)으로 나타난다. 반면 이탈리아(그리고 슬라브계)의 낭만주의 예술가들의 노력은 이와 대조적이다. 그들의 작품들에서 "영웅은 민중의 영웅이지, 더 이상 대지의 영웅이 아니기" 때문이다. 즉 "영웅은 '하나인 전체'가 아니라 '하나인 군중'(One-Crowd)과 관련이 있다"(AP 340). 민중이 대지에 의해 조정되기보다는 대지가 민중에 의해 조정되고, 대지는 그들을 통해서만 존재한다.

들뢰즈는 이를 독일 사람인 바그너와 이탈리아 사람인 베르디(G. Verdi)(그리고 슬라브계의 무소르니스키)를 통해 비교 분석한다. 바그너는 "오페라 연기자들이 관객을 보며 노래와 연기하는 것을 못마땅하게 생각하여, 자기 가수들에게는 관객이 아니라 서로를 보며"(박준용 319) 연기하라고 지시하면서 자신만의 극의 관객을 만들어야 했던 반면, 베르디는 활기 넘치는 대중적인 전통에서 작업을 했다. 바그너의 작품들인 〈탄호이저 Tannhauser〉〈로엔그린 Lohengrin〉〈트리스탄과 이졸데 Tristan und Isolde〉〈방황하는 화란인 The Flying Dutchman〉〈니벨룽의 반지 The Ring of the Nibelungs〉 등은 신화와 전설을 배경으로 만들어진 것들이다. 〈니벨룽의 반지〉의 주인공 보탄이 신의 우두머리에서 방랑자 모습으로 나타나는 것처럼, 영웅은 고독한 방랑자로서 표현된다. 바그너로 대표되는 독일 낭만주의 음악이 신비로운 신화를 소재로 사용하는 것과는 달리 베르디로 대표되는 이탈리아 낭만주의 음악은 인간 사회의 이야기를 소재로 하는 것이 특징이라 하겠다. 이러한 작품들로 베르디의 〈일 트로바토레 Il Trovatore〉〈라 트라비아타 La Traviata〉〈아이다 Aida〉〈오델로 Othello〉〈팔스타포 Falstaff〉 등이 있다. 영웅이 '하나인 군중'과 연관이 있다는 말은 베르디의 작품인 〈나부코 Nabucco〉에서의 히브리 노예들의 합창과 〈일 트로바토레〉에서의 대장간의 합창이 적절한 예가 될 수 있다. 특히 베르디의 초기의 작품에서의 선동하는 코러스의 표현은 이탈리아의 민족주의와 분리될 수 없고, 애국적 찬가로서 널리 수용되기도 한다. 부연 설명하면, 베르디의 작품 세계는 4기로 나눌 수 있는데, 제1기는 〈나부코〉〈십자군의 롬바르디아인 The Lombards on the First Crusade〉〈에르나니 Hernani〉〈맥베스 Macbeth〉 등이 있다. 이 시기의 그의 대부분의 작품들은 "오스트리아인의 압제하에 있던 이탈리아인들을 고무시키는 민족적 내용이 짙었다"(박종호 14).

또한 영토가 '하나인 홀로' 라는 바그너 음악과 영토가 '하나인 군중' 이라는 베르디 음악의 차이는 그들 음악에서의 성악 배치에서 드러나는데, 베르디는 자신의 작품에서 변용적인 개별화된 사람들을 표현하고, 반면 바그너는 동질적인 대중을 표현한다. 이는 베르디 오페라와 바그너 음악극의 차이에서 분명하게 확인 가능하다.

오페라에서는 대본이 전체적인 이야기의 진행을 하고 부분 부분은 음악이 지배하지만, 음악극에서는 음악과 극이 완전히 혼연일체를 이룬다. 오페라의 각 장면들은 아리아가 지배하고 이러한 성악 음악 사이에 관현악으로 된 기악 음악들이 연결시켜주는 역할을 하지만, 음악극에서는 한 막이 한 개의 작품으로서 여기에 포함되는 아리아는 긴 작품의 한 부분인 것이다. 또한 음악극에서도 성악과 기악이 함께 나오지만, 오페라에서처럼 관현악이 아리아를 반주하기 위해 연주하기보다는 성악 성부들이 다성 음악의 한 성부에 포함되는 것이다(김문자 632-33).

'하나인 홀로' 로서 바그너 음악극에서의 주인공은 관현악 음악의 하나의 부분으로 역할을 하기에 바그너 작품은 인성을 포함하는 하나의 교향시라고 할 수 있다. 반면 '하나인 군중' 으로서 베르디 오페라에서의 주인공은 관현악과 분할 가능하다. 또한 〈나부코〉의 히브리 노예들과 〈일 트로바토레〉의 대장간의 합창은 '하나의 군중'으로서 민중의 목소리라고 할 수 있는데, 베르디는 이러한 사람의 소리를 관현악적으로 사용한다. 예를 들어 히브리 노예들의 노래는 하나의 현악적 음색을 유지하며 관현악을 구성한다. 이는 모든 것은 하나이자, 모든 것은 복수라는 존재의 일의성의 의미를 실현하는 것일 뿐만 아니라 차이로서의 존재의 표현을 구체화하는 것이다. 이런 의미에서 우리는 들뢰즈가 민중의 창안의 적절한 예로 베르디의 오페라를 인용하는 이유를 인지할 수 있다.

들뢰즈가 강조하듯이, 민중에 호소하는 문제는 관현악 편성과 음-악기에 대한 사고방식과 관련이 있다. 살펴본 대로 베르디 작품 속의 사람들의 노래는 하나의 현악기로서 역할을 하며 강력하고 힘찬 인물들을 표현하여 민중의 목소리를 만들어 내고, 또한 다른 관현악과 분할 가능하다. 이렇게 사람들의 목소리를 현악기로서 음향화하여 민중의 목소리를 생산하여 인물들의 변용적인 분위기를 만들어 내는 베르디의 오페라는 소음을 음향화하여 음악의 다른 것 되기를 실현하는 바레즈(E. Varèse)의 모던 음악과 유사점이 있다.

## 5) 모던 음악

들뢰즈는 리토르넬로의 세번째 모멘트, 즉 우주 전체로 영토를 펼치며 탈영토화하는 탈주선을 통해 모더니즘에 접근한다. 고전주의 작곡가들은 질료-형상 혹은 실체-형식의 관계에서 카오스적인 질료에 형식을 부여하여, 그 질료를 형태화된 실체로 변화시킨다. 구조 단위들은 수많은 코드화된 환경들이고, 이러한 환경들 아래와 사이에서 카오스적인 힘들이 계속적으로 유희한다. 낭만주의 작곡가들은 연속적인 전개의 힘으로 형식을, 연속적 변주의 표현적 매개체로 질료를 간주하면서, 질료와 형식 그리고 힘 사이의 관계를 변형시킨다. 대조적으로 근대 작곡가들은 형식, 질료, 그리고 힘을 다루는 제3의 방식을 발견하는데, 질료를 우주적 힘을 포착할 수 있는 분자적 소재로 변환시킨다. 따라서 표현의 질료는 포획의 소재로 대체된다. 포획해야 하는 힘들은 표현의 형식을 구성하는 영토의 힘들이 아니라 무정형이며 비-물질적인 에너지인 우주적 힘들이다. 본질적인 것은 형식과 질료, 또한 주제 속에 존재하지 않고, 힘, 밀도, 강도 속에 존재한다. 힘들이 필연적으로 우주적인 것이 되면 질료도 분자적인 것이 된다. 이와 함께 무한소의 공간에서 거대한 힘이 작용하게 된다. 들뢰즈는 힘들을 포착할 수 있는 분자화된 음향 질료로서의 음악의 근대적 개념을 잘 실현한 작곡가로 바레즈(Edgard Varèse)를 든다.

우리는 배치 밖으로 나가 기계의 시대에, 거대한 기계권에, 포획해야 할 힘들이 우주적인 것으로 변하는 판 위로 발을 들여놓게 된다. 이 시대의 여명기에 바레즈가 걸어온 발자취가 전형적인 사례를 보여준다: 일관성의 음악 기계, 소리를 재생하는 기계가 아니라 음의 질료를 분자화하고 원자화하며 이온화하고 우주적인 에너지를 포획하는 음의 기계(AP 343).

바레즈는 프랑스 파리 태생으로서, 1915년부터 미국에서 활동했다. 지속적으로 새로운 음향과 소리를 추구했던 그는 1920년대부터 선율 대신 음향을 사용한 〈하이퍼프리즘 Hyperprism〉, 일곱 개의 관악기와 콘트라베이스를 위한 〈옥탄드르 Octandre〉〈이온화 Ionisation〉 등의 파격적인 작품을 내놓아 아방가르드적 면모를 보였다. 바레즈는 음소재를 과학적 진보주의에 입각하여 사용하려고 했고, 감정이 배제된 객관적 양식을 선호하였다. 예를 들어 〈전자 시 Electronic Poem〉에 사용된 음 소재들은 벨, 사이렌, 기계적인 소음, 전자음, 타악기적인 소리, 남성, 여성 목소리, 비행기 엔진, 동물 고함소리, 엘리베이터 올라가는 소리, 폭발음 등 다양한 소리들이 사용되었다(김혜지 8).

바레즈는 자신의 음악을 프리즘 변형, 결정화, 이온화 등의 과학적 현상을 통해 유기화되는 소리로 표현하는데, 우리는 그를 "강도, 주파수, 그리고 리듬의 연구자"(Vivier 126)로서 언급할 수 있다. 바레즈는 평생 동안 새로운 소리 원들을 만들기 위해 계속적으로 연구하였다. 그는 일생을 통해 조성 음악의 구조들을 분해하려고 했고, 생동적인 강도, 주파수, 그리고 리듬을 포착할 수 있는 음향 소재를 고안하려고 노력했다. 그는 비음향적인 힘들을 굴절시키는 음향 프리즘, 내부 분자 구조들이 다양한 외부의 형태들을 생성시키는 음향 결정체, 그리고 미세한 섭동(perturbation)이 질료의 음향 변성을 일으키는 이온 기계를 창조했다. 음향 기술의 발달은 그에게 "음향 질료를 분자화하는, 뿐만 아니라 지속, 강도와 같은 비음향적인 힘을 포착할 수 있는"(AP 343) 음악을 창안하는 더 나은 도구를 제공했다. 즉 전자 기술의 발달로 인해 바레즈는 자신이 추구했던 음의 해방을 성취할 수 있었다. 그가 완전히 새로운 표현 방식을 위해 사용한 음향의 전자 조작은 새로운 음계, 음색, 리듬, 그리고 화성의 표현을, 뿐만 아니라 공간으로 그것들을 내보내는 새로운 방식의 표현을 보장했다. 이는 〈전자 시〉에서 두드러진다. 1958년 브뤼셀 국제 박람회에서 르 코르뷔제(Le Corbusier)와 크세냐키스(Xenakis)는 필립스 파빌리온(Philips Pavilion)을 디자인했는데, 이 건축물에서 바레즈는 〈전자 시〉 작품을 소개했다. 이 작품은 3트랙(three-track) 테이프에 녹음되어, 필립스 파빌리온 내부 벽에 정렬에 있는 4백 개의 스피커를 통해 퍼졌다.

이러한 바레즈 음악의 특징은 들뢰즈가 제시하는 모던 음악의 소재와 상응한다. 들뢰즈는 모던 음악의 세 가지 중요한 특징을 구분한다. 첫째, 그것은 분자화된 소재이고, 둘째, 그것은 포착해야 할 힘과 관련되어 있으며, 셋째, 그것에 포함된 일관성의 작용에 의해 정의되어야 한다. 어떤 소재의 소리를 분자화하여 보이지 않던 다른 소리로 이행할 수 있게 하는 것은 어떤 배치로도 이행할 수 있는 성분으로서 일관성을 획득하는 것이다. 이러한 일관성을 형성하기 위해서 중요한 것은 간결성이다. 간결성과 일관성을 획득하지 못했을 때 시끄러운 소리는 소음으로 되고 마는 것이다. 간결성은 질료의 탈영토화, 소재의 분자화, 힘의 우주화를 위한 조건이다. 〈전자 시〉의 경우처럼, 비록 소음주의의 영향을 받아 사이렌, 엘리베이터 올라가는 소리, 마찰 소리, 기계소리, 동물이나 곤충 울음소리 등의 소음을 작품의 소재로 사용하였지만, 음의 입자들을 사용하여 새로운 음향과 음색을 만듦으로써 소리의 우주적인 힘들을 들리도록 만들고자 하는 것이 들뢰즈가 설명하는 모던 음악의 특징이다.

들뢰즈는 또한 케이지(John Cage) 음악을 우주적 힘을 포착할 수 있는 모던 음악의 예로 든다. 바레즈와 마찬가지로 케이지도 소음을 이용하여 새로운 음향체를 만든다. 그는 소음이 사람들을 괴롭히지만, 그것을 경청할 때 매우 매혹적이라고 생각했는데, 녹음기를 사용하여 모터소리, 바람소리, 심장 고동치는 소리를 사용한 4중주를 만들자는 제안을 하기도 하였다.

늘 그렇듯이, 우리는 대개 소음을 듣는다. 그러나 우리가 소음에 주목하지 않으면 그것은 우리를 방해한다. 우리가 소음을 경청하면, 그것이 매혹적이라는 것을 알 수 있다. 시속 50킬로미터로 달리는 화물차의 소음, 역에서의 정적, 빗소리. 우리는 이러한 소리를 음효과를 위해서가 아니라 악기로서 사용하기 위해 포착하고 제어하려 한다. 모든 영화 스튜디오에는 필름에 담겨 있는 음향효과 저장소가 있다. 필름 녹음기를 통해 사람들은 이러한 소리들 중에서 어떤 특정한 음의 진폭과 진동수를 조절할 수 있게 되었고, 우리의 상상력 범위 안에서나 그 이상의 경지에서 그 음에 리듬을 부여할 수 있게 되었다. 만일 네 개의 필름 녹음기가 사용된다면, 우리는 귀를 찢는 듯한 모터소리, 바람 소리, 심장의 고동치는 소리, 산사태가 일어나는 소리를 사용해서 하나의 4중주 작품을 작곡하고 연주할 수 있을 것이다(《20세기 음악 2》293).

이와 더불어 케이지는 리듬을 보다 적극적으로 음악에 활용하여 새로운 음향을 담고자 노력하였다. 그는 새로운 음향을 창출하기 위하여 타악기 음악을 활용한다. 그는 타악기 음악 작곡의 핵심은 작품의 리듬 구조라고 생각했다. 이를 위해 그는 피아노를 이용했다. 즉 타악기 리듬 구조에서 창안한 프리페어드 피아노를 만들어 다양한 작품을 생산했다. 예를 들어 그는 피아노 속에 잡지, 신문, 재떨이, 파이 접시 등을 집어넣어 충격적인 소리를 개발했고, 못과 볼트와 나무로 만든 나사를 사용하여 피아노 속의 두 현 사이에 끼워 달라진 음향을 만들어 내기도 했다. 바레즈와 마찬가지로 케이지는 들뢰즈가 설명하는 모던 음악의 분자적 소재, 힘의 포착, 일관성 특징들을 따르면서 소리의 우주적인 힘을 표현했다고 볼 수 있다.

한편 케이지가 보여준 우연적인 음악 작곡 기법은 베이컨의 사실의 잔혹성과 상응하는 부분이다. 이 기법은 들뢰즈가 강조하는 재현의 거부함으로써 창조적인 잠재적 가능성을 실현하는 방법이라고 할 것이다. 우연적 기법을 포함하는 음악을 불확정성(indeterminary) 음악 혹은 우발적(aleatory) 음악이라 한다. 이 두 용어는 약간의 의미의 차이가 있다. 불확정성 음악이란 소리가 악보에 확정되어 있지 않고, 연주자가 직접 공연 현장에서 확정하는 음악을 의미한다. 우발적 음악은 기보된 악보를 무작위적으로 배열하여, 즉흥성을 살려 연주회 때마다 다른 배열로 연주하는 음악을 가리킨다. 케이지는 주역 사상에 심취하여, 그 사상에서 우연성의 원리, 가령 동전이나 주사위를 던져 결정하는 무작위성의 아이디어를 음악에 도입한 것이다 (이석원 214-15). 이를 실행한 작품이 〈주역음악 Music of Changes〉 인데, 대부분의 음악적 요소들이 동전을 던진 결과에 따라 선택된다. 다시 말해 한 번 동전을 던져 음고를 결정하고, 또 한 번 던져 음가를 결정하는 방식이다. 케이지의 불확정성의 음악은 비의도적이려는 의도 외에는 아무런 의도가 없이 만든 "의도적 무의도성"(purposeful purposelessness)(《20세기 음악 2》 154)의 음악이다. 이는 의도적인 계획에 따라서 그림을 그리지 않고 우발적인 무의식적인 흔적들을 그린 베이컨의 작품인 〈그림〉(1946)의 작업 과정과 유사하다고 할 수 있다. 이렇게 미리 예측할 수 없는 우연적인 음악 작품은 똑같이 반복될 수 없기 때문에 차이를 허용하지 않는 반복적인 재현의 지배를 벗어날 수 있는 음악이고, 무한한 잠재적 가능성을 현실화할 수 있는 음악이다. 이러한 무의도적이고 무의식적인 과정을 통한 창조적이고 탈주적인 음악은 리토르넬로의 세번째 측면의 우주적인 탈주선을 실천하는 음악이라고 할 수 있을 것이다.

## 6) 음악의 우주적 탈주선:
## 동물-되기, 아이-되기, 여성-되기

리토르넬로는 반복구를 의미한다. 가령 새들의 리토르넬로란 새들의 반복구, 그래서 소리만으로 새를 떠올리게 하는 반복구이다. 이러한 리토르넬로는 음악에 적절한 내용을 형성한다. 하지만 음악은 표현의 탈영토화하는 형식을 위해 리토르넬로를 탈영토화된 내용으로 만든다. 즉 음악은 리토르넬로의 탈영토화이다. 대개 음악은 고유한 구성 요소들을 체계적인 규칙, 가령 전통적인 화성과 대위법적인 규칙에 종속시키지만, 모든 위대한 작곡가들은 자신들의 시대에 일정한 통례들을 타파하기 위해서 "화성의 수직선과 선율의 수평선 사이에 일종의 대각선"(AP 296)을 개발하려고 했다. 들뢰즈에 의하면, 리토르넬로의 탈영토화되는 과정은 본질적으로 되기의 과정, 다시 말해 여성-되기, 아이-되기, 동물-되기의 과정이다. 음악에서의 다른 것 되기는 메시앙(O. Messiaen)의 새 노래 작곡에서 동물-되기, 영화 〈파리넬리 Farinelli〉에서 카스트라토의 여성-되기, 그리고 영국에서 합창단의 아이-되기와 여성되기에서 확인 가능하다.

들뢰즈는 영토적인 새의 노래들을 탈영토화하는 메시앙의 작업들을 모든 작곡가들의 창조적인 과정의 범례로서 간주한다. 새를 이용한 음악에서의 동물-되기 과정의 많은 예들이 메시앙의 작품들을 통해 발견되지만, 《새들의 카탈로그 Catalogue d'oiseaux》 작품이 가장 적절한 예이다. 이 작품은 피아노 독주를 위한 총 열세 개의 곡들로 구성되는데, 각각의 곡은 특정한 새의 묘사에 집중되고, 메시앙은 새 노래를 세밀하게 표현한다. 그는 고립된 개별적인 새 노래를 표현하지 않고, 새 노래를 다른 종들의 노래들과 병치시키고, 환기적인 소리 풍경 속에 배치한다. 예를 들면 〈바다직박구리 Le Merle bleu〉(The Blue Rock Thrush, book I, 3)는 주제로서 6월의 바닐-쉬르-메르 근처 바다풍경을 표현하는데, 다시 말해 칼새들과 재갈매기의 울음소리와 바다직박구리와 테클라 종달새의 노래들을 병치시키고, 이를 절벽과 파도의 배경 속에 배치시킨다. 이런 모티프들의 재빠른 연속은 그 곡을 통해 계속되고, 《새들의 카탈로그》의 모든 곡들의 전형이 된다. 메시앙의 영토적인 새 노래의 변용들은 표제적 인상주의(programmatic impressionism)를 예증하는 것이 아니라 음악과 우주 간의 역동적인 상호 작용의 예들이고, 새와 음악가 간의 창조적인 이행의 시작이며, 또한 예측할 수 없는 피아노곡으로 구체화되는 새 노래는 다른 것이 되는 과정이다.

들뢰즈가 메시앙의 새소리 활용에서 음악의 동물−되기에 대한 아주 분명한 예를 발견한다면, 음악의 여성−되기와 아이−되기의 예는 영국의 대학과 성당의 남성 합창단에서 확인된다. 그 합창단들의 소년 소프라노와 카운터테너는 비자연적이고 영적이고 투명한 천상의 소리들을 생산한다. 이와 더불어 다른 음악의 여성−되기의 예는 카스트라토가 있다. 카스트라토는 변성기 전의 소년 시절에 거세되어 성인이 된 후 소프라노나 알토의 음역을 노래하는 가수이다. 음질적으로도 소년이나 성인 여성에 비해 씩씩하고 순수하며, 또한 음역도 훨씬 넓다. 그래서 16세기 이후 가톨릭성당에서 많이 쓰였으며 17−18세기 이탈리아 오페라에서도 많이 쓰였다.


음악의 여성−되기와 아이−되기는 음성의 기계화 문제에서 나타난다. […] 하나는 자기 음성을 넘어서서 노래하는 카운터테너의 두성이 있는데, 여기서 음성은 횡격막에 의존하거나 기관지를 통과하지 않고 두(頭)의 공동(空洞), 목구멍 안쪽과 입천장 속에서 작용한다. 다른 하나는 카스트라토의 복성이 있는데, 이는 마치 카스트라토가 지각할 수 없는, 촉지할 수 없는 것, 공기같은 것에 육체적인 질료를 부여하는 것 같은 더 강력하고 음량이 풍부하고 더 나른한 노래 방식이다(AP 303).

들뢰즈는 음악의 여성-되기와 아이-되기의 예에서 남성성 혹은 여성성, 어른 혹은 아이로서 음성을 탈코드화함으로써 음성을 탈자연화하고 탈영토화하는 음성의 기계화를 확인한다. 카운터테너가 아이를 모방하지 않는 것처럼 소년 소프라노는 여성을 모방하지 않는다. 오히려 그들은 여성과 아이를 나란히 통과하는 형태 변환의 과정 속에서 음성의 다른 것 되기를 표현한다. 간단히 말해서, 음성의 탈영토화는 이중적이다. "음성은 아이-되기에서 탈영토화되지만, 그 아이는 자체적으로 탈영토화되고, 비탄생적으로 되고, 생성이 된다"(AP 304).

살펴본 대로 음악에서 다른 것 되기는 여성-되기, 아이-되기, 동물-되기의 형식을 갖는다. 또한 바레즈와 케이즈의 경우처럼 분자-되기의 형식을 갖기도 한다. 그리고 음악의 다른 것 되기는 언제나 통례적인 음악의 구성 요소들 사이에 횡단적인 접속을 제공한다. 들뢰즈가 상술하는 음악의 역사는 횡단적인 되기의 역사이다. 들뢰즈는 음악사의 세 가지 흐름인 고전주의 음악, 낭만주의 음악, 모던 음악을 리토르넬로의 세 가지 모멘트인 유기적인 점, 영토적 순환, 그리고 우주적 벡터와 대응시킨다. 하지만 리토르넬로의 세 가지 모멘트는 진화적인 시간의 연속적인 흐름이 아니라 단일하고 동일한 것의 세 가지 측면으로 기능을 한다. 첫째 고전주의 음악에서 카오스로부터 형성된 실체, 둘째 낭만주의 음악에서 연속적인 변주를 통해 질료를 구체화하는 연속적인 전개 형식, 그리고 셋째 모던 음악에서 소음과 같은 비음적인 힘들을 포획하는 분자 물질에서 인지할 수 있는 것처럼, 리토르넬로는 재영토화와 탈영토화의 과정이고, 다른 것 되기의 과정이다. 이러한 적절한 실례는 동물-되기, 아이-되기, 여성-되기, 그리고 분자-되기에서 드러난다.

# 7

## 얼굴-언어와 얼굴의 탈영토화

얼굴과 언어의 관계를 이해하기 위해서 안면성(혹은 얼굴성)의 개념이 중요하기 때문에 먼저 그 개념을 살펴보는 것은 유용할 것이다. 들뢰즈에 의하면, 모든 사회에서 담론적인 권력 관계와 비담론적인 권력 관계는 기호 체제에 따라 구성되고, 기호 체제에서 얼굴은 활동적인 시각적 구성 요소로서 기능한다. "일반적인 가시성 혹은 가시적인 것을 구성하는 양태가 각 기호 체제에서 발생하고, 얼굴에서 신체로, 최종적으로 세계 전체로 확장된다"(*Music* 5). 이러한 가시적인 세계와 마주칠 때, 통례적인 얼굴 표정·몸짓·자세·풍경 등은 이미 안면화된 영역을 구축하고, 이 모든 것이 지배적인 권력 관계를 강화한다. 이런 맥락에서 안면성은 언어와 기호 체제의 기능화와 권력 관계의 배치 등에서 인간 얼굴을 주요한 구성 요소로 다룬다. 들뢰즈는 안면성을 《천 개의 고원》의 고원 7 〈0년: 안면성〉에서 상세하게 논한다. 안면성은 안면/얼굴이라는 표현 기계의 성질 혹은 작동방식을 말하고, 얼굴성이라고도 한다. 목소리가 나오는 곳이 얼굴이기 때문에 "글이 책과 같은 특징이 아니라 구두적인 특징을 갖는다"(AP

115)는 점에서 기표는 언제나 안면화된다. 즉 얼굴은 기표적인 체제에 고유한 아이콘이고, 그 체제에 내재한 재영토화이다. 기표는 얼굴에서 재영토화된다. 이것은 얼굴 표정이 언어를 동반하는 것이 아니라 얼굴이 잉여성의 총체성(totality)을 결정화(結晶化)한다는 것을 의미한다. 이런 의미로 안면성은 의미화 및 해석의 총체 위에 물질적으로 군림한다.

## 1) 얼굴-언어와 기호 체제

언어를 지층의 배치로서 고려하는[22] 들뢰즈는 앙드레 르루아 구랑(André Leroi-Gourhan)의 신체 진화와 관련된 인간 언어 발생에 대한 고찰을 이용해, 기호 체계의 형성에서 담론적인 요소와 비담론적인

---

22) 하나의 지층은 층들로 분할되고 분절된다. 분절(articulation)이란 분할하는 것과 분할되는 것을 결합한다는 것을 동시에 뜻한다. 그래서 들뢰즈는 분절을 이중분절이라고 한다. 분절은 어떤 질료의 흐름을 기본적인 구성단위로 분할하고 그것을 일정한 형식으로 결합하는 것이다. 기본적인 구성단위를 실체라 하고, 그 실체들을 결합하는 규칙을 형식이라고 한다. 그런데 이중분절이란 이런 분절이 두 가지 층위에서 진행된다는 것을 의미한다. 이 이중분절의 두 가지 층위를 구별하기 위해 들뢰즈는 두 가지 방식을 제시하는데, 하나는 1차 분절, 2차 분절이라고 하고, 다른 하나는 내용과 표현이라고 한다. 1차 분절은 의미를 갖는 최소단위, 즉 형태소로 분절되는 것이고, 2차 분절은 음운론적 최소단위, 즉 음소로 분절되는 것이다. 들뢰즈는 옐름슬레브(Hjelmslev)의 개념을 빌어 질료를 분절하는 두 개의 층위를 1차 분절과 2차 분절 대신 내용과 표현으로 대체하고, 그 각각의 층위에서 발생하는 분절을 실체와 형식이란 개념으로 정의한다. 즉 내용의 실체와 내용의 형식, 표현의 실체와 표현의 형식으로 나눈다(《노마디즘 1》185-92).

요소의 상호 관계를 강조하는 언어 이론을 개발한다. 구랑이 주장하듯이, 도구의 사용과 언어의 사용은 상호 관련성이 있고, 그것들의 출현은 다른 영장류와 구별되는 호모 사피엔스의 해부학적인 형태변환에 의존한다. 도구 제작은 인간이 두 발로 직립할 때 가능하기에 보행 활동으로부터 손과 팔의 해방을 필요로 한다. 두 발 동물은 도구를 다룰 수 있을 뿐만 아니라, 자유로운 손으로 먹이를 잡을 수도 있다. 입이 더 이상 먹이를 잡는 데 필요가 없게 되면, 네 발 영장류들의 입은 다른 기능들을 가질 수 있고, 먹이를 잡는 데 필수적인 턱을 가진 주둥이 형태의 얼굴은 평평하게 된다. 이런 과정으로 입술·혀·목·후두는 언어 분절에 적합한 형태를 갖추게 된다. 마찬가지로 얼굴의 상대적인 평평화는 언어를 생산하고 처리할 수 있는 뇌를 수용하기 위해 두개골을 재배치하고 두개강을 확장한다(*Music* 81). 구랑의 분석은 도구와 언어 사용, 손과 얼굴 해부학적 발생의 상보적인 관계를 밝힌다. 이렇게 구랑은 "손-도구와 얼굴-언어라는 두 극 사이에 구분과 상관 관계를 확립"(AP 302)하고 목소리의 진화와 관련된 얼굴의 배치가 있음을 규명한다.

들뢰즈는 이러한 손-도구와 얼굴-언어를 이용하여 기호 체계에서 담론적인 요소와 비담론적인 요소의 상호 관계를 강조하는 언어 이론을 개발하는데, 그에 따르면 손과 얼굴은 기술의 극과 언어의 극, 즉 물체의 조작과 말의 조작에 대응한다. 이 두 극은 비록 "재현된 말이 재현된 사물의 단순한 대응이 아닐지라도 밀접한 관계가 있다"(*Music* 81-82). 들뢰즈는 이러한 언어 이론을 화용론으로 접근한다. 그는 소쉬르와 같은 구조주의자들이 수행하는 것과 같이 언어를 음향적 이미지인 기표와 정신적 개념인 기의의 자기-지시적 체계로 간주하기보다는 광범위한 행위 영역 속에 배치한다. 그래서 그는 언어가 행위의 다른 형태들과 연관된 특정한 종류의 행위로 간주되어야 한다고 주장하면서, 오스틴(J. L. Austin) · 존 설(John Searle) · 폴 그라이스(Paul Grice) 등에 의해 개발된 화행 이론(speech act theory)의 함의를 확장한다.

들뢰즈가 주장하듯이, 언어는 "행위들의 복잡한 구조, 말하자면 사회적으로 인정된 관습들의 규칙적인 양식을 전제하고, 그 관습들은 말에 의해서 초래된 신체들의 변형을 알린다"(*Music* 82). 예를 들어 목사가 '나는 그대들을 맺어 준다'라고 말할 때 그것으로 부부는 남편과 아내가 되는 것처럼, 발화하는 것은 말로 사물들을 처리하는 것이고 언어를 통해 신체의 변형을 초래한다. 이러한 것은 "언표행위의 집합적 배치"(a collective assemblage of enunciation)(AP 88) 혹은 기호 체제를 구성한다. 마찬가지로 말로 변형된 신체들 혹은 사물들은 인정된 관습들의 양식에 의해 그것들 자체로 형성되고, 그것들은 "신체들의 기계적 배치"(a machinic assemblage of bodies)(88) 혹은 사회적인 기술적 기계의 소유물이 된다. 언표행위의 집합적 배치와 신체들의 기계적 배치는 상호적으로 전제하나, 그것들은 기능상 독립적으로 존속한다. 이들 배치에서 기호들은 사물들을 재현하기보다는 사물들을 간섭한다. "마치 사물들이 기호들을 횡단하여 확장하고, 기호들 자체를 전개하는 것처럼"(87), 기호들은 그 자체로 사물들에 작용한다. 가령 언표행위의 집합적 배치의 예로 비행기-기계를 들 수 있다. 비행기-기계는 하나의 고유한 배치를 갖는다. 제트엔진과 날개, 유선형의 몸체, 그리고 조종사와 승무원 등의 요소가 계열화되면서 비행기-기계를 형성한다. 이는 비행기-기계라는 하나의 신체를 이루는 기계적 배치라고 할 수 있다. 또 그것은 비행과 관련된 고유한 언표행위의 배치를 갖는다. 이러한 언표행위는 그 자체로 하나의 집합적인 성격을 갖는다. 언표하고 행동하는 특정한 방식이 규정되어 있고, 그것에 따라 말할 수 있는 사람과 말할 수 없는 사람이 구별된다. 조종사나 승무원 개인이 발화하는 경우에도 그것은 특정한 집합적 배치 안에서 이루어진다(《노마디즘 1》 288-89). 여기서 들뢰즈가 강조하는 바는 일정한 사회적 장에서 하나의 기호가 소쉬르의 기호학을 넘어서 두 가지의 형식화 혹은 세계를 형태화하는 두 가지 방식, 즉 내용의 형식화와 표현의 형식화에 직면한다는 것이다. 각각은 자율적이지만 상호 작용한다.

내용은 형식에 대립적이지 않기 때문에 내용의 고유한 형식화를 소유한다(손-도구 극, 혹은 사물들의 가르침). 그러나 내용은 표현에 대립적이고, 표현 역시 표현의 고유한 형식화를 소유한다(얼굴-언어 극, 기호들의 가르침). 분명하게도 내용은 표현이 소유한 만큼 고유한 형식을 가지고 있기 때문에, 우리는 결코 대응하는 내용을 재현하고 서술하며 입증하는 단순한 기능을 표현 형식에 지정할 수 없다. 대응도, 또한 일치도 존재하지 않는다(AP 85-86).

들뢰즈에 의하면, 언어와 얼굴의 연관성은 진화론적인 역사 사건이상이고, 얼굴은 이러한 언표행위의 두 집합적 배치들 혹은 기호 체계의 기본적인 구성 요소이며, 얼굴의 기능은 각 배치에 따라 변화한다. 들뢰즈가 주장하듯이, 기호 체계에 내재한 권력 관계에서 언어의 목적은 소통보다는 명령을 부여한다는 점에서, "언어활동의 기초단위인 언표는 명령어이다"(AP 80). 언어의 다양한 화행이 사고와 행동을 형태화하고 관리 감독하기 때문에, 언어는 정통적인 범주와 분류에 따라 세계의 코드화를 강화한다. 그러므로 "언어에 의해 초래되며 사회적으로 인정된 관습들의 규칙적인 양식은 기호 체제를, 다시 말해 개별적인 주체들을 형성하는, 상호 간의 사회적이고 정치적인 관계 속에 그 주체들을 배치하는 권력 구조를 구성한다고 볼 수 있다"(*Music* 83). 들뢰즈는 《천 개의 고원》의 고원 5에서 기호 체계의 네 가지 범주를 전기표적인 원시적 체제(presignifying primitive regime), 기표적인 전제적 체제(signifying despotic regime), 탈기표적인 정염적 체제(postsignifying passional regime), 반기표적인 유목적 체제(countersignifying nomadic regime)로 구분하는데, 얼굴은 각 체제에서 다른 역할을 수행한다.

먼저 전제적 체제의 특징은 기의와 기표의 일대일 대응 관계, 기의보다 자의적인 기표의 우위, 기표의 법과 권위와의 동일화, 그리고 자기-지시적 해석의 무한한 연쇄 속에 기표의 위치화 등이고, 들뢰즈는 기호의 전제적 체계를 사회를 조직화하는 국가 형태와 관련시킨다. 국가의 발생과 함께 원시적 코드들은 다양한 영역에서 분리되고, 전능한 전제 군주에게 재배속되며, 전제 군주의 신체는 국가의 신체로 기능한다.

부연 설명하면, 국가가 존재하지 않았던 원시 사회는 기호들의 중심화된 조직화가 존재하지 않았다. 이 원시 사회에서 동물, 식물, 장소, 신성한 대상, 신체, 부족, 신 등이 의의를 가지지만, 그것들의 상호 연관성은 국지적으로, 특정하게, 그리고 이질적으로 존속한다. 이는 원시적으로 간주되는 전기표적인 원시적 체계로서, 그 체계는 "선분적인 기호학(segmentary semiotic)이지만, 다선적(多線的)이고 다차원적인 기호학이고, 이미 모든 기표적 원환성(circulation)과 투쟁한다"(AP 117). 여기서는 어떤 것도 표현의 실체로서의 안면성으로 환원되지 않는다. 또한 기의의 추상에 의해 내용의 형식을 제거하는 경우도 전혀 없다. 그것은 기표에 의한 권력 장악을 피하고 내용 그 자체에 고유한 표현 형태를 보존하는 표현 형식의 다원성과 다의성을 위한 것이다. 그리하여 신체성, 몸짓성, 리듬, 춤, 제전의 형태가 이질성 안에서 교차되고 잇닿는다(117). 그런데 원시적 코드들이 국가와 전제 군주에게 포섭된 후, 원시적 코드와는 대조적으로 전제 군주의 기호들은 신하와 사제의 내적 원환에 의해, 그리고 주 행정관, 지방 관리 등의 발산적 원환에 의해 무한적으로 해석되기 때문에 "전제 군주는 모든 의미화를 통합하는 근원이 된다"(Music 84). 모든 기호들은 전제 군주에게 다시 보내어지고 그의 정면 얼굴에 등록되며, 그의 얼굴은 권위의 코드화된 신체로서 전방에 빛을 발한다——양녕대군을 폐위시키는 태종 이방원의 얼굴을 상상해 보라.

하지만 이러한 보편적 의미화인 전제 군주의 통치는 "얼굴 없는 속죄-양"(AP 124)과 대조적인 관계를 가진다. 국가로부터 얼굴 없는 속죄-양의 추방은 체제의 탈주선을 부정적으로 코드화한다(Music 84).[23] 이런 의미로 기표적인 전제적 체제는 나선환으로 간주될 수 있고, 체제의 극한에서 그 나선환은 도시 벽에 가로막힌 탈주선을 곧 게 하고, 속죄의 속죄양은 그 벽을 넘어 추방의 방랑 속으로 내몰리 게 된다. 들뢰즈는 이것을 기호의 탈기표적인 정염적 체제와 연관시 킨다.

기호의 탈기표적인 정염적 체제는 전제적 체제가 끝나는 곳에서 탈 주선과 더불어 시작되고, 이 체제는 탈주선을 정주시키고 길들이며 코드화한다(*Music* 84). 다시 말해 탈기표적 체제는 기표적인 의미화 의 중심에서 벗어나는 체계이고, 기표적인 권력에 복종하던 것을 그 치고 그로부터 얼굴을 돌리는 데서 시작된다. 탈기표적 체제가 얼굴 돌리기 내지 배신의 체제라는 말은 이런 의미에서이고, 기존의 지배 적인 의미(화)를 배신하는 정염의 정열에 이끌리며 시작된다는 점에 서 그 체제는 정염적 체제라고 지칭될 수 있다(《노마디즘 1》 365).

여기서 들뢰즈는 신과 모세와 유대인의 예를 든다(AP 127-28). 들 뢰즈의 설명처럼, 모세는 전제 군주의 과거와 현재의 칙령을 해석하 는 신전의 사제가 아니라 신에 의해 지배되고 짐 지워진 예언자이다. 그는 민족의 여정에서 각 상황마다 미래의 행로를 찾는다. 시나이 산 에서 신을 조우할 때, 그는 얼굴이 숨겨진 신에게서 얼굴을 돌린다. 그리고 그는 민족을 코드화하는 석판들을 가지고 유대인에게로 되돌 아간다. 그러나 그 여정은 이 지점에서 끝나지 않는다. 유대인은 신

---

23) 탈주선은 사회에서의 한정된 사회적 조건의 부정성으로부터의 도피(May 32-33)이기도 하다. 하지만 가장 극악한 위험의 신이기에 죽음의 향기도 가질 수 있다(Patton 67). 또한 탈주선은 새로운 삶의 형태와 새로운 무엇인가를 창조 하는 긍정적이고, 혁신적이며 전복적인 흐름이기도 하다.

의 서약을 배신하고, 그들의 방랑은 계속된다. 사실에 충실하든 혹은 비유적이든 간에 여전히 새로운 방랑의 원인이 되는 배신들이 계속 일어나기 때문에, 다른 예언자들이 그를 계승한다(*Music* 84). 여기서 신은 주체화의 점이고, 모세는 언표행위의 주체이며, 유대인은 언표 주체이다. 하나의 주체로서의 모세의 위치를 결정하는 정신적인 실재성이 신에게서 나타나고, 모세와 신의 상호 작용에서 서약 민족의 지배적인 실재성이 나타난다. 모세는 그 민족의 일원이고, 두 주체의 이중화,[24] 즉 "한 주체를 다른 주체로, 언표행위 주체를 언표 주체로 끌어내리기"(**AP** 129)가 존재한다. 이 체제에서 기호들은 불연속적인 마주침으로 구성되고, 각 기호는 국지적 질서를 확립하지만, 다른 마주침을 향해 굽이쳐 흐르는 운동을 시작한다. 이중화된 주체는 교의에 반하는 서약 속에, 다시 말해 영속적인 흡수와 배신의 관계 속에 주체화의 점을 끌어들인다. 측면 얼굴은 전제 군주의 정면 얼굴을 대체한다. 모세의 돌려진 얼굴은 신에 대한 그의 맹세이기도 하고, 그 맹세에 대한 유대인의 필연적인 배신이기도 하다(*Music* 85).

또한 전제 군주의 정면 얼굴을 배신하는 측면 얼굴은 《리어왕 *King Lear*》의 1막 1장에서도 나타난다. 나팔소리와 함께 등장하는 리어 (Lear)는 전제 군주의 정면 얼굴을 상징한다. 리어는 자신을 가장 사랑하는 딸에게 합당한 몫을 제공하겠다고 명령한다. 이 명령에 첫째

---

24) 모세는 신의 말을 전하고, 신은 모세의 명령에서 벗어나는 자들을 자신을 저버린 자로 간주한다. 이처럼 둘이지만 하나인 주체를 우리는 이중체라고 부를 수 있고, 둘이지만 하나인 이런 두 주체가 구성되는 것을 이중화라고 한다 (《노마디즘 1》 381).

딸 거너릴(Goneril)와 둘째 딸 리건(Regan)은 리어왕을 찬양하는 말로 자신들의 몫을 챙긴다(I. i. 5-8). 거너릴와 리건의 칭송이 필연적인 배신을 의미한다는 점에서 그녀들의 얼굴은 정염적 체계에서의 측면 얼굴이고, 탈기표적인 얼굴 돌리기이다.

하지만 탈기표적 체제의 정욕적 선은 다른 형식에서 분명하게 나타나기 때문에, 다시 말해 탈기표적 체계의 정욕적 선의 기원인 "주체화의 점은 어떤 것이라도 될 수 있기"(AP 129) 때문에 모세와 리어왕의 실례에 집중할 필요는 없다. 예를 들어 식욕이 없는 사람들은 주체화의 점을 음식에서 찾는다. 언표행위의 주체와 언표 주체로 그들의 위치는 음식물의 강박증과 배신 관계에서 출현한다. 연인들은 주체화의 점들로 서로를 받아들이고, 트리스탄(Tristan)과 이졸데(Iseult)는 정염적 체제의 변형의 본보기로 역할을 한다. 활활 타오르는 정염으로 사로잡힌 그들의 사랑은 영속적으로 부인되고, 그들은 방랑하며 계속적으로 만나지만 궁극적으로 죽음에서 결합하는 검은 구멍을 향한다. 또한 기표적인 전제적 체제도 다양한 배치에서, 즉 가족·학교·공장·군대·병원, 그리고 의미화가 영속적으로 발산하는 원환이 중심적인 지배자 기표에 집중되는 곳이면 어디에서든 다른 방식들을 취할 수 있다(*Music* 85-86).


## 2) 흰 벽-검은 구멍 체계

보그가 분석하듯이, 국가 이전의 원시인들, 전제 국가들, 그리고 유랑하는 유대 민족 등의 도식적인 내레이터의 견지에서 기호 체제를 착상하는 것이 편리할지라도, 기호 체제는 기호 구성의 다른 양태들을 가능하게 하는 행동들의 일반적인 양식들이고, 일정한 기호 체제는 반드시 순수 형식에 나타나지 않는다(*Music* 86). 즉 모든 기호 체제는 "혼합되고, 오직 그런 방식에서 기능을 한다"(AP 136). 예를 들어 정신병원에서, 우리는 주체화의 점으로서의 분석가와 피분석가의 결합에서 정염적 체제, 분석가의 무한한 해석에서 전제적 체제, 그리고 피분석가의 꿈과 증상의 연상에서 전기표적인 원시적 체제를 탐지할 수 있다. 마찬가지로 《햄릿 *Hamlet*》에서 부친의 죽음을 복수하기 위해 방랑하는 햄릿의 정염적 체제, 클로디오스(Claudius)왕의 중심화된 전제적 체제, 군대의 번호화된 반기표적인 유목적 체제[25]를 식별할 수 있다.

이와 같이 모든 기호 체계가 혼합된다는 점에서, 들뢰즈는 "얼굴이 보편적 실재는 아니다"(AP 176)라고 말하고, 안면성과 기호의 전제적 체제와 정염적 체제를 결합시킨다. 이를 위해 들뢰즈는 두 가지

---

25) 유목적 체제는 반기표적 기호학이 있다. 이 기호계는 선분성으로 진행되기보다는 산술과 계수법(numeration)으로 진행된다. 물론 수는 이미 선분적 혈통의 분할 혹은 통합에 아주 중대한 역할을 수행했다. 또한 그것은 기표적인 제국적 관료주의에서 결정적으로 중요한 기능을 수행했다. 그러나 그것은 재현되었던 혹은 기표화되었던 일종의 수였고, 그 자체보다는 다른 것에 의해 선동되었고, 생산되었고, 야기되었던 수였다(AP 117). 이는 유목이라는 삶의 방식과 긴밀히 결부된 조직방식이고, 탈영토성과 깊은 관계를 갖고 있고, 자유롭게 이동하면서도 생활의 안정성이나 지속성이 유지될 수 있는 조직이다. 영토를 소유하거나, 소유하고 있는 영토를 분명하게 구획할 이유가 없는 유목민들에겐 분할의 의미는 문제가 되지 않는다. 이런 의미로 유목민에게 있어 숫자는 "더 이상 계산이나 측정의 수단이 아니라 운동의 수단이다"(《노마디즘 2》 399).

논점을 제시한다. 첫째, 언어는 광범위한 행위 영역의 부분이고, 그 행위 속에서 다양한 종류의 언어학적 기호와 비언어학적 기호가 얽힌 채 결합되며, 얼굴 표정은 특히 화행의 주요한 구성 요소가 된다. 그래서 그는 "언어가 그 자체만으로 메시지를 전달할 수 있다고 믿는 것은 부조리하고, 언어는 언제나 작용중인 기표들과 연관된 주체들의 관련 속에서 언어의 언표들을 알리며, 그것들을 고정시키는 얼굴에서 구체화된다"(AP 179)라고 주장한다. 둘째, 서로 다른 사회 집단들에서 얼굴은 각기 다른 역할을 한다. 예를 들어 기표적인 전제적 체제와 탈기표적인 정염적 체제가 혼성된 기호학에 의해 지배되는 사회에서, "얼굴은 특히 중요하고, 그것의 특징은 고도로 코드화되며, 그것의 기능은 일반적으로 언어와 함께 공존한다"(*Music* 87). 이런 논점들을 강조하기 위해서 들뢰즈는 "원시인들은 가장 인간적인 머리를, 가장 아름답고 가장 정신적인 머리를 가질 수 있었다. 그러나 그들은 얼굴을 갖고 있지 않으며 그것을 필요로 하지도 않는다"(AP 176)라고 진술하며, 안면성의 검토에서 전제적 체제와 정염적 체제에 생성되고 코드화되는 얼굴을 언급하기 위해서 주로 얼굴이라는 단어를 사용한다.

안면성의 분석을 통해 알 수 있듯이, 얼굴 표정은 복합적인 사회적 상호 작용의 기능이고, 그것은 언어에 중요한 역할을 수행하며, 그것의 의의는 여러 문화들 속에서 변화하지만, 들뢰즈의 단언은 이런 것들의 범위를 넘어 진행된다(*Music* 88). 아이 · 여자 · 어머니 · 남자 · 아버지 · 상사 · 선생 · 경찰 등, 이들이 일반적인 언어로 말하지 않고 의미화하는 특성이 안면성의 특정한 특성에 지표화되는 언어로 말하듯이, 즉 얼굴이 주파수 혹은 개연성의 지대들을 규정하고, 의미화에 순응하는 영역의 경계를 정하듯이(AP 167-68), 동의하는 끄덕임, 동의하지 않는 눈살 찌푸림, 화난 채 힐끗 보기, 믿지 않는 응시, 실망, 충격, 동정, 혐오감, 부끄러움의 눈빛 등은 다양한 권위들이 적절한 행동들과 정통적인 코드들을 강화하는 요소들이다.

이런 의미로 들뢰즈는 화행에 내재한 권력 관계를 강조하고, 얼굴 표정을 사회 규율의 더욱 넓은 체계의 부분으로 간주한다. 따라서 전제적 체제에서 언어는 일반적으로 권력의 얼굴에 등록된다. 만약 옐름슬레브(L. Hjelmslev)적 용어처럼 표현의 단계와 내용의 단계를 구별하고, 각 단계가 고유한 형식과 실체를 가지고 있다면,[26] "전제적 표현 형식이 기표이고, 전제적 표현 실체는 얼굴"(*Music* 89)이라고 말할 수 있다. 즉 "얼굴이 기표에게 실체를 부여하고, 해석되기 위해 그 자체를 내밀고, 변화하며, 해석이 실체에게 기표를 되돌려 줄 때 속성을 변화시킨다. […] 기표는 언제나 안면화된다"(AP 115). 이것은 단순히 얼굴 표정이 언어를 동반하는 것이 아니라, 얼굴이 잉여성의 총체성을 결정화하는 것을 의미한다.

---

26) 소쉬르의 기표와 기의 쌍을 여전히 반복하는 옐름슬레브의 내용과 표현의 개념을 빌려(《카오스모제》 39), 들뢰즈는 내용의 실체와 내용의 형식, 표현의 실체와 표현의 형식이라는 네 개의 개념으로 분화시킨다. 순수한 강밀도, 전(前)생명적이고 전물리적인 자유로운 특이성들을 질료라 하고, 형식화된 질료를 내용이라 한다. 그러한 질료들이 선별된다는 점에서 실체의 관점이고, 그것이 특정한 질서에 따라 선별된다는 점에서 형식이다(내용의 실체와 내용의 형식). 그리고 기능적 구조를 표현이라고 한다. 이 역시 두 가지 관점으로 고려되어야 한다. 그것은 그 고유한 형식의 조직이란 관점과 그 화합물을 형성하는 것으로서의 실체의 관점이다(표현의 형식과 표현의 실체)(《노마디즘 1》 191-92).

반면 정염적 체제의 기호는 자기-지시적 기표에 의해서가 아니라 주체화의 과정에 의해 얼굴과 관련된다. 들뢰즈는 이러한 얼굴과 기호의 관련성을 상술할 때 잉여성의 두 가지 형식을 구분한다. 하나는 기호들 혹은 기호들의 요소인 음소와 문자에 영향을 주는, 기의와 기표의 관계와 모든 다른 기표들과 각 기표의 관계 속에서 잉여성을 보장하는 주파수의 형식이고, 다른 하나는 "무엇보다도 전이사 (shifters), 인칭대명사와 고유명사"(AP 133)에 영향을 주는 공명의 형식이다.

전제적 체제에서 기호는 상호 접속된 기표의 끝없는 벽을 형성하지만, 정염적 체제에서 기호는 불연속적인 다발로 합체하고, 각각은 검은 구멍의 형태로 기능하는 특정한 주체화의 점, 즉 주체적 동일성의 체계에서 기호를 흡수하는 매혹의 중심과 관련이 있다. 여기서 코드의 잉여성은 언표행위의 주체와 언표 주체 사이, 예를 들어 모세와 그의 민족, 트리스탄과 이졸데 사이의 공명을 강화한다. 주체화의 점은 정신적인 실재성을 창조하고, 그것으로 다양한 외부적 접속에서 기호를 분리시키며, 단일한 구심성의 소용돌이 속에 그것을 고정시키면서 독자적으로 세계를 펼친다. 그러므로 "검은 구멍에 유혹받으며, 모든 의식은 그 자체의 죽음을 추구하고, 모든 사랑-정염은 그 자체의 결말을 추구한다. 그리고 검은 구멍들은 다같이 공명한다"(AP 133). 이와 같이 정염적 체제는 상호 접속된 기표들의 견고한 벽을 가진 전제적 체제보다 더 거대한 범위로 기호를 탈영토화하지만, 자기 동일화의 닫힌 과정 속에 다시 기호를 재영토화하기 위해 그것을 탈영토화한다.

들뢰즈는 이렇게 전제적 체제와 정염적 체제를 구분하지만, "정염적인 주체화의 씨앗을 포함하지 않는 전제적인 의미화는 없고, 기표의 잔여물을 지니지 않는 주체화는 없다"(AP 182)는 지적처럼 두 체제의 근본적인 친화성을 확인한다. 들뢰즈는 정면의 전제적 얼굴과 비켜선 정염적 옆얼굴을 대비시키지만, 그에게 가장 흥미를 주는 얼굴은 두 체제를 혼성시키는 얼굴인 "흰 벽-검은 구멍 체계"(167)이다. 흰 벽-검은 구멍 체계는 상호 접속된 기표들의 전제적인 벽과 주체적인 흡수의 정염적인 검은 구멍들을 합친다. 이러한 혼성된 기호학의 얼굴이 들뢰즈가 "얼굴이 보편적 실재가 아니다"(176)라고 진술할 때 지시하는 얼굴이다. 그 얼굴은 "백인 남성 중에 있지 않고, 그것은 넓은 하얀 볼과 검은 눈구멍을 가진 백인 남성 그 자체이다. 그 얼굴이 그리스도이다. 그 얼굴은 전형적인 유럽인이다. […] 예수 그리스도, 그는 전 신체의 안면화를 개발했고, 모든 장소에서 그것을 전파했다"(176).

## 3) 안면성의 추상기계

들뢰즈에 의하면, 구체적인 얼굴들이 다양한 방식으로 전제적이고 정염적 체제가 혼성된 기호학을 명시하지만, 그것들을 생산하는 것은 안면성의 추상기계(AP 168)이다.[27] 그리고 들뢰즈가 흰 벽-검은 구멍 체계를 진술할 때 지시하는 것이 바로 안면성의 추상기계이다. 다시 말해 전제적 체제와 정염적 체제가 혼성된 기호학에서 안면성의 추상기계는 흰 벽-검은 구멍 체계로 기능하고, 그것은 표현의 실체로서 개별적이고 구체적인 얼굴들의 형성을 안내한다. 들뢰즈는 안면성의 추상기계의 두 가지 작동을 구별한다.

첫째는 이항 대립에 의한 코드화로 구성된다. 그것은 "남성과 여성, 부유한 사람과 가난한 사람, 성인과 아이, 지도자와 부하, x와 y이다"(AP 177). 여기서 검은 구멍은 확산 코드의 기능으로서 얼굴 형태를 설정하며, 준거의 일반적인 표면으로서 텅 빈 벽을 횡단하는 중앙 컴퓨터처럼 작동한다. 선생과 학생, 아버지와 아들, 노동자와 사장, 경찰과 시민, 피의자와 판사 등 구체적이고 개인화된 얼굴들은 이런 단위들, 이런 단위들의 조합에 따라 생산되고 변형된다.

둘째는 일정한 개별적 얼굴을 포함하는 선별적 반응 혹은 선택을 포함한다. 이번 이항관계는 '예-아니오'의 형태이다. 즉 "검은 구멍은, 묵인 혹은 거부의 신호를 여전히 보낼 수 있는 노쇠해 가는 전제군주처럼, 흡수하거나 혹은 거부한다"(AP 177). 비록 얼굴이 일정한 순간에 일탈로서 거부될 지라도, 얼굴에 적절하게 코드화된 동일성을 지정할 때까지 다른 '예-아니오' 선택으로 다시 얼굴을 판단하기 위해서 얼굴은 거부당한다. 두 작동의 목적, 즉 중심적으로 통제

---

27) 안면성의 추상기계는 기호 체제인 표현의 단계와 사회적인 기술적 기계인 내용의 단계에 내재하는 더 거대한 추상기계의 구성 요소이고, 기호 체제의 요소로서 얼굴 형성을 이끄는 순수되기의 다이어그램적인 기능-질료이다. 또한 진정한 추상기계는 배치와 연관이 있다. 그것은 "그 배치의 다이어그램으로 정의된다. 그것은 근거를 둔 언어가 아니고, 다이어그램적이고 초선형적이다. 내용은 기의가 아니고, 표현은 기표가 아니다. 오히려 양쪽 모두는 배치의 변수들이다"(AP 91).

되고 자체적으로 억제되며 상호 연관된 기표들을 모두 둘러싸는 네트워크를 창조하는 목적과, 주체들에게 그 네트워크 속에 고정된 위치들을 지정하는 목적은 전제적이고 정염적인 체제를 실행시키는 것이다.

이처럼 전제적 체제와 정염적 체제가 공유하는 것은 "모든 다성성을 분쇄하는, 언어를 독점적인 표현 형식으로 만드는, 그리고 기표적인 일대일 대응성과 주체적 이항화에 의해 작동하는"(AP 180) 것이다. 들뢰즈에 따르면, 이렇게 두 체제가 혼성된 기호학은 외부의 어떠한 개입으로부터 보호될 필요가 있고(AP 179), 표현 형식이 대응하는, 단일하고 모두를 포함하는 표현 실체를 필요로 한다. 안면성의 추상기계는 이러한 단일한 표현 실체를 개별적 인간 얼굴에서, 뿐만 아니라 펼쳐진 안면화된 세계에서 생산한다(*Music* 92). 이진경의 지적처럼, 여기서 얼굴은 신체의 표면이며 신체로부터 탈코드화된 표면이다. 이처럼 얼굴이 신체로부터 벗어나 표현적인 능력을 갖는 표면이 되고, 표정을 만드는 표면이 되는 것은 신체상의 기관들을 표현적인 목적에 알맞은 풍경으로 만들기 때문이다(《노마디즘 1》 517). 즉 다른 신체 부위가 표정을 갖게 되고 안면화가 되는 것은 그것이 그런 풍경이 될 때이다. 예를 들어 발 페티시스트(Foot Fetishist)는 육체의 발을 탈코드화하고, 의미화와 주체화의 네트워크에 관여할 수 있는 안면화된 표면으로 그것을 덧코드화(overcoding)한다. 하지만 발과 얼굴은 닮은 점이 없다. 그러므로 안면화는 닮은 점으로 작동하지 않는다. 들뢰즈에 의하면, 안면화는 한층 더 무의식적이고 기계적인 작동이고, 그 작동은 전 신체가 구멍 표면을 횡단하여 통과하도록 하며, 그 작동에서 얼굴은 모델 혹은 이미지로 역할하지 않고, 모든 탈코드화된 부분들을 덧코드화하는 임무를 가진다(AP 170).

안면화가 다성적이고 다차원적인 접속과 분리되는 세계를, 단일하고 통합된 풍경에서 덧코드화되는 세계를 에워싸면서 신체 너머로 펼쳐지는 것처럼, 얼굴과 풍경은 중요한 상호 관련성을 가지는데, 여기서 "풍경은 단순히 환경이 아니라 탈영토화된 세계이다"(AP 172). 전제-정염적 체제에서 얼굴과 풍경은 연속적인 표면을 형성하면서, 서로 복합적인 관계를 가진다. "미지적이고 미개척된 풍경을 에워싸지 않는 얼굴은 없다. 사랑받거나 혹은 꿈꾸는 얼굴이 정주하지 않는 풍경은 없다. 다가올 얼굴 혹은 이미 지나간 얼굴을 발생시키지 않는 풍경은 없다"(AP 172-73). 세계는 안면화되고, 얼굴은 풍경화되며, 세계와 얼굴은 얼굴-풍경을 안면성의 추상기계에 의해 생성된 구멍 표면으로 만든다.[28]

보그에 의하면, 들뢰즈가 이런 얼굴과 풍경의 접속으로 의미하는 바는 얼굴과 풍경 간에 설정될 수 있는 주체적인 연상 결합들이 있음을, 즉 전자가 후자를 환기시키고, 불러오고, 발생시키고, 완성하고, 보충한다는 것을 암시하는 것이다(*Music* 93). 하지만 얼굴과 풍경은 개인적이고 감성적인 관계를 통해 연결되지 않거나, 혹은 언제나 통합된 의미 체계로서 해석되지 않는다. 예를 들어 언어가 화난 현장

---

28) 풍경을 만들거나 풍경을 다루는 모든 예술이 역으로 얼굴이라는 상관자를 갖게 되어 풍경을 얼굴로 만들거나, 얼굴을 풍경으로 만든다. 그래서 에펠탑이나 개선문은 파리의 얼굴이 되었고, 풍경 화가들은 자연의 풍경에 표정을 부여하여 얼굴로 만들었다. 클로즈-업을 하는 영화의 카메라 또한 얼굴을 풍경으로 다룬다(《노마디즘 1》 523-25).

주임의 눈빛처럼 일정한 얼굴 유형과 표현을 확인하게 하는 원인이 되다는 주장은 소쉬르적 기호학이 제시하는 설명이고, 들뢰즈적 분석에서 소쉬르적 기호학은 전제-정염적 체제에 의해 생성된다. 들뢰즈가 주장하는 것은 얼굴이 전제-정염적 체제의 중요한 구성 요소이지만, 언어로 환원 불가능하다는 것이다. 즉 안면성의 추상기계는 모든 종류들의 수목성과 이분법을 추적하는 얼굴들을 생산한다.

의심할 여지없이 얼굴의 이항성과 일대일 대응성은 언어의 그것들(이항성과 일대일 대응성), 언어 요소들과 주체들의 그것들과 같지 않다. 결코 그것들은 서로 유사하지 않다. 그러나 전자는 후자의 기초가 된다. 형성된 내용들이 무슨 종류이든지 단일한 표현 실체로 번역될 때, 안면성의 기계는 이미 그것들을 기표적 · 주체적인 표현에 종속시킨다. 그것은 기표적인 요소들의 식별, 주체적인 선택들의 실행을 가능하게 하는 선격자화(先格子化)를 수행한다. 안면성의 기계는 기표 혹은 주체의 부가물이 아니라, 오히려 그것은 기표 혹은 주체에 접속되고, 기표 혹은 주체를 조건화한다. 얼굴의 일대일 대응성과 이항성은 다른 것들을 이중화하고, 얼굴의 잉여성은 기표적이고 주체적인 잉여성을 갖는 잉여성을 형성한다. 정확히 얼굴은 추상기계에 의존하기 때문에, 그것은 이미 현존의 주체 혹은 기표를 전제하지 않는다. 그러나 그것은 그것들(주체와 기표)과 접속되고, 그것은 그것들에게 필수적인 실체를 부여한다(AP 179-80).

이런 맥락에서 보그는 안면성의 개념에 대하여 두 가지 재구성을 제안한다. 첫째, 우리는 "얼굴에서 담론 실행의 구성 요소를 발견한다. 얼굴 구성 요소는 담론에 본질적이지만, 언어로 환원될 수 없다"(*Music* 95). 즉 구두적인 언표행위를 동반하는 것과 권력 관계를 강화하는 방식으로 구두적인 언표행위와 상호 작용하는 것은 몸짓적·표현적·시각적인 표면이다. 따라서 우리는 몸짓적·표현적·시각적인 신체 외형들의 존재를 지적함으로써 얼굴 구성 요소의 재인(recognition)을 광범위하게 해독할 수 있다. 둘째, 예술을 통하여 우리는 "신체 외부에서 풍경에 관상(physiognomy)을 부여하는, 즉 어떤 비재현적인 방식으로 얼굴에 대응하는 외관을 부여하는 공명들"(*Music* 95)을 확인한다. 신체 외부의 이러한 대응들을 주체적인 연상으로 해석하기보다는 오히려 공통감을 벗어나는 생성 과정의 단서들 혹은 간접적인 기호들로 해독한다면, 이러한 생성 과정은 안면화의 과정이고, 그 과정을 통해 몸짓적·표현적·시각적인 격자화가 세계를 표현하기 위해 얼굴 표정이 펼쳐지고 확장된다. 결과적으로 이러한 안면화된 세계는 전제−정염적 표현 형식의 일대일 대응적인 기표들과 이항적인 주체성을 위한 표현 실체로서 수행할 수 있는 덧코드화된 표면을 구성하게 된다.

한편 들뢰즈는 안면화된 얼굴 혹은 풍경뿐만 아니라 실제 대상조차도 안면화된다고 지적한다. "우리는 집·도구·물체, 혹은 한 점의 의복 등을 말할 수 있다. 그것들은 얼굴을 닮아서가 아니라 흰 벽−검은 구멍의 과정에 참여하기 때문에, 안면화의 추상기계와 연결되기 때문에 나를 바라보고 있다"(AP 175). 하지만 우리는 들뢰즈가 안면화된 대상들에 대한 기술에서 편집증의 암시를 도입하고 있음을 주목해야 한다. 즉 대상들은 본다. 뿐만 아니라 "그것들이 나를 바라보고 있다"(*Music* 103). 이런 관점에서 들뢰즈는 사르트르(Jean Paul Sartre)의 응시 개념의 편집증적 본성을 되풀이한다.[29] 응시의 이해는 보여지는 것을 함의하고, 사르트르의 응시는 기본적으로 적대적이고 위협적이다. 보여지는 가능성은 세계의 대상들을 많은 눈들로, 즉 각 대상을 고정시키고 한정시키며 고발하는 잠재적인 응시의 영역으로 전환시킨다. 들뢰즈는 이러한 위협하는 사르트르의 응시를 단순히 전제적 체제의 발현, 즉 편재하는 감시와 통제를 강요하는 권력 구조로 간주하면서 사르트르를 옹호한다(*Music* 103).

들뢰즈는 대상의 안면화에 대하여 논할 때, 그리피스(D. W. Griffith)의 클로즈-업을 설명하는 세르게이 에이젠슈테인(Sergei Eisenstein)을 인용한다. 에이젠슈테인은 《난로 위의 귀뚜라미 *The Cricket on the Hearth*》에서 디킨스(Dickens)가 쓴 첫 행, "주전자는 그것을 시작했다"(The kettle began it)에서 주전자는 "전형적인 그리피스풍의 클로즈-업"으로 기능한다고 지적한다. 에이젠슈테인에 따르면, "클로즈-업은 전형적인 디킨스풍의 분위기로 가득 채워졌고, 그것은 그리피스가 동일한 숙련된 기술을 이용했던 〈동부로 가는 길

---

29) 사르트르는 《존재와 무 *Being and Nothingness*》에서 시선을 눈과 구별할 때, 눈이 단지 응시를 위한 지원물이고, 응시가 눈 앞으로 나아가는 듯하다고 진술한다(Sartre 258). 야간 임무중인 군인들이 농가에서 실루엣을 보거나, 덤불에서 바스락거리는 소리를 들을 때, 군인들은 그들이 감시받고 있다고 의식한다. 덤불, 농가는 시선(regard)이 아니라, 단지 시선을 위한 지원물이다. 그러므로 덤불과 농가는 "커튼 뒤에, 농가의 창문 뒤에 숨은 현재적 감시의 눈을 지시하지"(Sartre 258) 않는다.

Way Down East〉에서 삶의 가혹한 얼굴과 배우들의 냉담하고 차갑고 정숙한 얼굴을 감싸는 것이다"(199). 여기서 에이젠슈테인이 제시하는 것은 디킨스의 주전자가 특정한 세계를 환기시키는 효과적인 세부장식이라는 것이고, 그리피스 영화에서 클로즈-업의 기능은 영화 속에 전개되는 드라마에 적합한 특정적 분위기를 창조하는 시각적 세부장식, 즉 나이프, 컵, 시계를 제공한다(*Music* 104). 그 분위기의 대상은 통례적인 코드로 해독될 수 있는 판독 가능한 대상일 수도 있다. 예를 들어 주전자는 소박하고, 가정적인 친밀함의 세계, 혹은 악화된 가난의 세계를 함축해서 말한다. 하지만 대상의 환기적인 권력이 단순히 담론적인 코드화로 기능하지 않는다는 조건처럼, 안면화된 대상도 동일하게 고려되어야 한다. 안면화된 대상은 "지배적인 권력 배치에 순응하며 형성된 시각적 실재물이고, 언어에서 기표의 표현 실체로 역할을 하지만, 그것의 안면화는 특정한 시각적 과정의 부분이고, 그 시각적 과정은 담론적인 기호들의 과정과 분리된다"(*Music* 104). 즉 주전자는 많은 언어적 연상의 운반체일 수도 있지만, 안면화된 주전자로서 그것은 그것의 특정한 시선을 통해, 다시 말해 주전자의 특유한 주전자화(kettleness)를 통해 분위기의 기능을 충족시키고, 단일한 기호 체계에 의해 통제된 영역을 구성하는 다른 시각적 요소들과 함께 공명한다.

영화에서 대상이 안면화될 뿐만 아니라, 연극에서 소도구도 안면화된다. 소도구와 연극과의 관계에서 대상인 소도구가 가장 비중 있게 사용되고 극작가의 의도를 직접적으로 반영하는 곳은 부조리극일 것이다. 왜냐하면 부조리극은 언어의 해체 문제를 통해 경험이나 상황을 사물화하는 경향을 지니고 있기 때문이다(김정용 59). 이런 점에서 부조리극은 사물의 연극이라고 할 수 있다. 예를 들어 이오네스코(E. Ionesco)의 《의자 *The Chairs*》에서 무대가 의자에 의해 점령되고, 등장인물은 사라지고, 의자 자체가 극의 원동력과 중심이 된다. "마치 견고하고 거대한 공허함이 전체를 침범하고 정착되듯이 […] 그것은 번식인 동시에 부재함이며, 증식인 동시에 공허인 것이다"(위베르 130). 이제 텅 빈 의자가 희곡 그 자체인 것처럼, 의자는 무대가 되고, 풍경이 되며, 안면화된다.

결론적으로 전제-정염적 권력의 얼굴은 동일화되고 분류되며 재인된다. 그것의 역할은 "기표의 전능함뿐만 아니라 주체의 자율성을 허용하고 보장하는 것이다. 당신은 흰 벽에 고정될 것이고, 검은 구멍에 채워질 것이다"(AP 181). 안면화된 대상은 재인되고, 벽에 고정되고, 혹은 구멍에 채워지며, 그것을 형태화하는 힘의 반향으로서 그것이 회귀하는 시선과 더불어 각인된다. 그 대상은 분산된 권력 결과의 눈으로서 되돌아본다. 이렇게 재인된 시각적 요소들의 네트워크에 대상이 참여하는 것은 복합적인 기호학적 영역을 환기시킬 수 있는 분위기의 암시성을 대상에 불어 넣는 일이다.


## 4) 얼굴의 탈영토화

예술가들은 안면화된 구성 요소들을 생산하여 실제로 전제-정염적 코드화를 강화할 수도 있고, 얼굴과 얼굴의 확장된 안면화를 탈영토화하여 그 코드화를 약화시킬 수도 있다. 양쪽 경우에서 그들은 안면성의 추상기계를 끌어들이고, 안면성의 추상기계는 두 방향으로 작동한다. 그 추상기계는 실재계 속에 내재하지만, 현재적이기보다는 오히려 잠재적이다. 그것은 얼굴들과 안면화된 세계의 현재화에서 조종사의 역할을 수행한다. 하지만 그것은 비특정적인 기능들을 가지는 탈영토화된 부정형의 질료이고, 그러한 자격으로 안면화의 좌표를 탈코드화하기 위한, 의미화와 주체화의 규칙성들을 파괴하기 위한 방법을 지시한다. 이러한 탈영토화는 얼굴 형상들의 변이적인 변양, 신체의 표현적인 늘어남 혹은 뒤틀림 등의 형식을 취할 수 있다(*Music* 105). 이에 대하여 이진경이 분석하듯이, 얼굴은 내용의 지층에서 비약하는 절대적 탈영토화로 나아간다. 하지만 그것은 유기체의 지층에서 일관성의 평면으로 나아가는 것이 아니라 의미화와 주체화라는 지층으로, 다시 말해 표현의 지층으로 재영토화되는 것을 피할 수 없다는 점에서 특이한 선을 그리고 있다. 그리고 처음부터 안면성의 추상기계가 구체적인 얼굴을 만든다는 점에서도 다른 지층과는 다른 양상을 보여준다(《노마디즘 1》 581).

이 안면성의 추상기계 분석에서, 들뢰즈는 "신체와 풍경의 안면화가 구체적인 얼굴들을 모방하는 재현을 통해 작동하지 않을지라도, 전제-정염적 체계에서 얼굴이 시각적 코드화의 특권화된 지대라는 사실은 존속한다"(*Music* 107)라고 주장한다. 또한 들뢰즈는 전제적 체제의 정면 얼굴과 정염적 체제의 측면 얼굴을 대비하면서, "서양에서 특히 두 체제는 전제적 의미화와 정염적 주체화의 안면화 작용들을 통합하는 혼성된 기호학 속에서 결합하는 경향이 있다"(107)라고 결론짓는다. 하지만 이러한 전제적 체제와 정염적 체제에 대조적인 원시적 체제가 있고, 그것은 얼굴을 특권화하지 않고, 다양하고 이질적이고 탈중심화된 코드들과 실행들을 통해 상호 접속된 많은 요소들 중 오직 하나의 요소로서 간주하며, 원시적 체제에서 "원시적 복장들, 장식들, 그리고 가면들은 다양한 의도를 충족시킨다"(107-08). 즉 원시적 문화에서 "가면은 모든 안면화하는 경향에 반대하고, 관상적인 특징들이 다성적 신체에 속하는 머리가 이종적인 요소들로서 작용하도록 보장한다"(108).

그러나 전제-정염적 체제와 원시적 체제의 대조에서 들뢰즈가 "신-원시주의의 형태는 결코 …로의 회귀에 대한 문제가 아니다. 그것은 원시 시대의 전기표적이고 전-주체적인 기호학으로의 회귀하기에 대한 문제가 아니다"(AP 188)라고 주장하듯이, 중요한 점은 그가 신-원시주의의 어떠한 형식도 주장하지 않는다는 것이다. 들뢰즈에 따르면, 얼굴은 상호소통에서 보편적이고 불변적인 역할을 하는 것이 아니라 사회적이고 문화적인 기능 속에서 다르게 나타나고, 우리는 원시적인 머리와 신체를, 그리고 인간적이고 정신적이고 얼굴이 사라진 머리를 결코 다시 만들 수도 없으며(188), 우리가 원시적인 사회로 되돌아가는 것도 가능해 보이지 않는다. 이런 의미로 그는 원시적 문화에서 얼굴 표정들의 다성적이고 탈중심화된 배치에 대하여 한 가지 예, 즉 다양한 사회적 정황에서 남비콰라 인디언들의 예기치 않고 불연속적인 얼굴 표정의 변화를 설명하는 리조(J. Lizot)에 대하여 간결하게 소개한다(176).[30]

비록 "얼굴 표정에 의해 전달되는 내적 상태는 문화적 보편성을 지니고 있어서 다른 언어를 사용하는 종(race) 간 및 종 내에 일관성을 가진다"(한재현 · 정찬섭 41)라는 주장처럼 얼굴 표정에서 문화적 보편성의 존재가 확정적으로 논증될 지라도, 들뢰즈는 여전히 얼굴의 코드화는 필수적이지도 필연적이지도 않다고 단언한다. 그는 얼굴의 대안적인 구조가 아닌 얼굴의 변용을 주장하고, 얼굴의 탈규칙성과 해체를 위한 형태변환적인 가능성의 탐사를 주창하고 있다. 이러한 얼굴의 탈규칙성과 해체는 안면성의 추상기계 자체를 제거하는 것이다. 얼굴은 "의미화의 지층과 주체화의 지층이 겹치는 곳에 있기에, 얼굴의 해체란 그 양자의 절대적 탈영토화의 선과 함께"(《노마디즘 1》 582) 나아간다. 이런 의미로 들뢰즈는 얼굴의 해체가 기표의 벽을 돌파하고 주체성의 검은 구멍을 벗어나는 것과 동일하다고 지적하며, "당신의 검은 구멍과 당신의 흰 벽을 찾아라. 그것을 알고 당신의 얼굴을 알라. 그렇지 않고는 당신은 그것을 해체하지 못할 것이며, 탈주선을 그려낼 수 없을 것이다"(AP 188)라고 주장한다. 하지만 얼굴을 해체한다는 것은 의미화와 주체화의 지층에서 절대적 탈영토화의 선을 그릴 수도 있지만, 광기의 위험과 죽음의 위험을 경험할 수도 있다.

그래서 들뢰즈가 추구하는 것이 탐사적 머리의 개발이다. 탐사적 머리는 "지층을 원상태로 돌리고, 의미의 벽들을 관통하며, 주체성

---

30) 리조는 어떻게 의무, 제의와 일상의 삶의 해체가 거의 전체이고, 그것이 우리에게 이상하고 착상 불가능한지를 보여준다. 장례 절차 동안 다른 사람이 울 때 어떤 사람들은 외설적인 농담을 한다. 혹은 한 인디언은 갑자기 우는 것을 멈추고 그의 플루트를 수선하기 시작한다. 혹은 모든 사람이 자러 간다(AP 176).

의 구멍들에서 분출하고, 진정한 리좀들을 선호하여 나무들을 평평하게 하고, 긍정적인 탈영토화의 선 혹은 창조적 탈주선을 따라 흐름들을 조종한다"(AP 190). 다시 말해 탐사적 머리는 더 이상 집중적으로 조직된 지층이 없고, 더 이상 경계를 형성하기 위해 선들이 휘감는 검은 구멍도 없으며, 이분법, 이항성, 그리고 양극적 가치들이 매달리는 벽도 없다. 그래서 각각이 다른 것을 영속적으로 생각나게 하는 풍경, 회화, 혹은 음악의 몇 소절을 가지고 잉여성 속에 존재하는 얼굴은 더 이상 없다. 각각의 해방된 얼굴은 풍경성, 회화성, 혹은 음악성의 자유로운 속성을 갖는 리좀을 형성한다. 이것은 부분-대상들의 수집이 아니라, 살아 있는 블록이며, 줄기들의 접속하기이다. 줄기들의 접속하기에 의해 얼굴은 미지적인 풍경의 속성을 갖는 실재적 다성성 혹은 다이어그램에 들어가고, 그것에 의해 절대적이고 긍정적인 탈영토화의 양에 따라 효과적으로 생산되고 창조된 회화 혹은 음악의 속성에 들어간다(AP 190).

이런 맥락에서 탐사적 머리는 얼굴 내지 안면성이 의미화와 주체화의 두 지층 사이에 있다는 것이고, 그 두 지층의 절대적 탈영토화와 결부된 것이다. 이진경에 의하면, 그것은 한편으로는 의미화를 넘어서 일관성의 평면으로, 강밀도의 연속체로, 기관 없는 신체로 나아가는 것과, 다른 한편으로는 주체화를 넘어서 사랑으로, 주체도 대상도 없는 사랑으로, 절대적 상생으로 나아가는 것이 교차하는 지대일 것이다. 그것은 마주선 사람에게 명령어를 방사하는 얼굴도, 공명을 야기하는 얼굴도 아니라, 일체의 분별을 떠나 그 모두를 다가오는 그대로 받아들일 수 있는 머리, 그 모두의 차이와 이질성을 있는 그대로 받아들일 수 있는 신체(머리), 애증을 떠난 마음으로 그 모두를 평온하게 해줄 수 있는 지혜를 가진 머리일 것이다(《노마디즘 1》 585-86).

들뢰즈는 얼굴 분석을 세 가지 기본 모델, 즉 원시적 머리, 그리스도-얼굴, 탐사적 머리로 분류한다. 원시적 머리는 "신체성의 기호학"(301)을 보장하는데, 이런 기호학은 이미 현존하고, 동물들 사이에서 융성하고, 머리는 신체의 부분이며, 그 신체는 서로 관계 있는 것을 위한 환경, 소환경권을 가진다. 두번째 그리스도-얼굴 체계는 "얼굴의 구조, 즉 흰 벽-검은 구멍들, 얼굴-눈들, 혹은 측면과 45도 방향의 눈들로 보여지는 얼굴"(301)을 표현한다. 이런 안면성의 기호학은 서로 관계가 있는 것을 위해 풍경의 유기화를 받아들인다. 즉 전신의 안면화와 모든 환경의 풍경화, 유럽인의 중심점인 그리스도를 가진다. 마지막으로 탐사적 머리는 "선들이 더 이상 형식의 윤곽을 그리거나 윤곽을 형성하지 않고, […] 얼굴과 풍경의 탈영토화"(301)를 활성화한다. 이 기본적인 분류는 리토르넬로의 세 가지 측면과 접목 가능하다. 원시적 머리는 질서의 환경점, 출생과 같은 영토적인 기원을 담고 있는 방향적 성분과 대응하고, 그리스도-얼굴은 단일한 영토 영역에 재코드화되는 탈코드화된 환경 구성 요소, 즉 자기 나름의 표현적인 질서를 구성하는 차원적 성분과 대응하며, 마지막으로 탐사적 머리는 외부로 영토를 펼치는 우주적 탈주선, 즉 하나의 배치에서 다른 배치로 이행하는 이행적 성분과 대응한다. 이런 의미에서 이 세 가지 분류는 각각 신체적 코드화, 안면화된 덧코드화, 그리고 형태 변환적인 탈코드화와 관계가 있다.

들뢰즈가 강조하듯이, 신체성의 재활성화를 통해서 예술가들은 원시적 체제의 양상들을 보장하지만, 그의 "창조적 실험 작업의 주된 방법들은 탐사적 머리와 얼굴-풍경의 형태 변환적인 탈영토화에 있다"(*Music* 109). 이러한 탈영토화가 다른 것 되기를 착수한다는 점에서, 그것은 얼굴이 탈영토화하는 다른 것 되기, 즉 여성-되기, 아이-되기, 동물-되기, 지각 불가능하게-되기와 연결될 수 있다. 즉 탐사적 머리와 얼굴-풍경의 형태 변환적인 탈영토화는 "무수한 동물-되기, 여성-되기와 아이-되기가 존재한다"(**AP** 301)는 점에서, 모든 예술의 목표를 공유한다. "왜냐하면 글쓰기를 통해 우리는 동물이 되며, 색채를 통해 지각 불가능하게 되며, 음악을 통해 강렬하게 되고, 기억의 범위를 넘게 되고, 동시에 동물이 되고 지각 불가능하게 되기 때문이다"(**AP** 187). 하지만 예술 그 자체가 목표는 아니다. 그것은 단지 삶을 추적하는 선들을 위한 도구, 즉 모든 실재적 되기이다. 모든 실재적 되기는 예술에서만 생산되는 것이 아니다. 그리고 이는 예술로의 도주하기, 예술 속에 피난하기로만 구성되지 않는 모든 능동적인 탈주이고, 비기표적이고 비주체적이며 얼굴 없는 지대들로 긍정적인 탈영토화와 함께하는 예술을 이끄는 긍정적이고 창조적인 탈영토화이다.

# 책 나가기

예술 작품은 책의 개념을 함의한다. 들뢰즈는 책의 개념을 다음과 같이 정리한다. 책은 세계와 더불어 리좀을 형성한다. 책은 대상도 주체도 갖지 않는다. 그것은 다양하게 형식화된 질료와 매우 상이한 날짜, 속도로 만들어진다. 이러한 한 권의 책은 분절(articulation)의 선과 선분성 · 지층 · 영토성의 선들이 존재할 뿐만 아니라, 탈주의 선들, 즉 탈영토화 운동의 선들과 탈지층화의 선들이 존재한다. 이와 같은 모든 것들, 모든 선들과 측정 가능한 속도들은 하나의 배치를 구성한다. 이런 의미로 한 권의 책은 상이한 상대적 속도를 갖는 흐름들의 복합체라는 점에서 하나의 다양체이고, 리좀이다(사공일 24). 들뢰즈가 "되기는 리좀이다"(AP 239)라고 정의하듯이, 그가 상술하는 각각의 예술은 되기의 형식을 취한다.

들뢰즈의 연극은 되기의 형식이다. 되기는 들뢰즈 예술 철학에서 기본적인 개념이며, 그의 철학적 사유가 집약된 개념이다. 되기는 존재가 아닌 존재 사이에서 발생하는 변화와 하나의 존재에서 다른 존재로 되는 변화를 주목하는 것이고, 그러한 변화의 내재성을 주목하는 것이며, 그것을 통해 끊임없이 탈영토화되고 변이하는 삶을 촉발하는 것이다. 되기가 변이와 창조, 새로운 것의 탐색과 실험을 끊임없이 추구한다는 점에서 배우의 창조적인 삶과 유사함은 물론이다. 이런 되기 개념은 소수성과 결부되어 있다. 왜냐하면 소수적인 것은 창조적이고 잠재적인 생성 혹은 되기와 관계가 있기 때문이다. 이런 의미로 들뢰즈는 소수적 언어의 자율적인 생성과 창안을 강조하는 소수적 작가를 중요시한다. 그는 소수적 작가의 예로서 베케트, 윌슨, 아르토 등을 든다. 이들은 언표를 연속적인 변이로 배치함으로써 언어활동 속에 생성과 변이를 만들어 내고, 다수적 언어를 더듬거리게 하는 실천적인 전략을 이끈다. 이렇게 언표를 연속적인 변이 속에 배치하는 것을 반음계주의적인 언어학이라고 한다. 이것은 표현과 언표행위를 작동시키는 모든 변인들을 언어활동 외부에 배치함으로써, 음악과 언어의 경계를 넘어서는 새로운 연극적 표현을 창안할 수 있다. 들뢰즈는 이런 방식으로 연극을 표현한 연출가로 베네를 든다. 베네는 언어와 몸짓의 변이와 빼기의 연극을 통해 재현의 권력을 탈영토화하는 창조적인 변이를 구현한다.

　마찬가지로 리좀적 글쓰기도 되기의 형식으로서, 이는 사유가 하나의 모델에 뿌리내리는 것을 방해하며, 그와 반대로 그때마다 상이한 외부를 향해 달리게 한다는 점에서 유목적인 사유를 촉발시키며, 지배적인 가치와 지배적인 삶의 방식에 반하고 국가장치에 반하는 전쟁기계를 생산하게 된다. 리좀적 글쓰기는 언어의 더듬거리는 형식, 수행적인 생성, 이야기 꾸미기를 통해 척도와 규범 혹은 모델의 형식으로 현재적인 상태를 유지하는 권력적인 언어와 통례적이고 지배적인 사유를 변형시키고, 언어의 연속적인 변이 상태 속에서 새로운 변용과 생성을 촉발시키는 창조적이고 잠재적인 가능성을 구현한다고 볼 수 있다.

또한 들뢰즈는 창조적 가능성으로서 되기의 형식을 베이컨의 그림을 통해 개진한다. 베이컨은 힘들의 변조 기능을 하는 형상들, 주형과 탈주형을 반복하는 듯한 형상들을 창안하여 구상을 피한다. 그래서 베이컨의 회화는 구상과 비구상 사이에서 외줄타기를 하면서, 권력적인 코드화된 재현적 예술을 거부하고 상투적 표현을 붕괴시키며, 두뇌에 작용이 아닌 신경 체계에 직접 작용하는 이미지의 형상들을 그린다. 그 결과 베이컨은 사실의 질료를 체현한다. 들뢰즈는 이것을 베이컨의 다이어그램을 이용하여 구체화한다. 다이어그램은 카오스이고, 질서이며, 리듬의 근원이다. 또한 그것은 지속 가능한 감각을 가능하게 하고, 그것으로 회화의 구성을 구체적으로 감지하도록 표현하는 것과 감각에 지속성과 명료성을 부여하는 것을 동시에 가능하게 한다.

베이컨은 색채의 변조를 통해 다이어그램이 연속적·가변적·일시적 주형화와 탈주형화를 실행하도록 한다. 이를 통해 다이어그램은 유비적 언어로서 비코드화되고 변용적인 특징을 가지고, 사실의 잔혹성으로 감각의 전달과 유지가 가능하며, 자체의 고유한 질서에 따라 구조화된다. 이런 점에서 다이어그램은 변조기이고, 형상적인 형식이 공급되는 기계이며, 촉감적 색채 관계를 발생시키는 기계이다. 다이어그램의 변조는 촉감적 색채 관계를 생성시키는데, 이 색채 관계는 변조이고, 연속적이고 가변적인 운동이다. 그 운동은 재현적인 대상으로서가 아니라 자기 형성적 과정의 생산물로서 상호 작용하는 색상에 나타나고, 완성된 캔버스의 형식이 된다. 결과적으로 베이컨의 그림에서 색채는 수축적이고 확장적인 펼침 속에서 공간을 공간화하고, 단색 바탕으로 전개되며, 형상을 채우고, 윤곽 막을 가로질러 소통한다.

　마지막으로, 되기의 형식으로서 음악은 세 가지 특정한 형식, 즉 여성-되기, 아이-되기, 동물-되기의 형식을 갖는다. 음악은 리토르넬로의 탈영토화이고, 탈영토화는 다른 것 되기의 과정이다. 물론 리토르넬로는 탈영토화와 재영토화의 복합적인 형태를 특징으로 하고, 그것의 세 가지 측면은 질서의 점, 영토적 순환, 그리고 우주로의 탈주선이다. 리토르넬로는 환경을 형성할 때 카오스를 영토화하고, 환경의 구성 요소들을 탈영토화하며, 그것들을 적절한 영토에 재영토화한다. 그리고 탈영토화하는 힘들은 일정하게 영토를 통과하며 유희하면서 리토르넬로를 우주 전체로 펼친다. 하지만 리토르넬로의 기본적인 기능은 영토적인 것이고, 영토화하거나 혹은 재영토화하는 것인 반면, 음악은 탈영토화하는 표현의 형식을 위해 리토르넬로를 탈영토화된 내용으로 만든다. 즉 리토르넬로는 환경들을 코드화하고 영토적 배치들을 조직한다는 점에서 영토화하는 힘일 뿐만 아니라, 그 자체로 탈영토화하는 힘이다. 이런 맥락에서 음악은 리토르넬로를 내용으로 받아들이고, 리토르넬로를 탈영토화하는 되기의 과정에 관여하게 하며, 그것을 변용시킨다. 즉 음악은 이중 분절로서, "내용의 블록인 리토르넬로와 표현의 형식인 되기를 통합한다"(Buchanan 16).

　모든 되기는 소수자-되기이고, 두 점 사이를 끊임없이 이동하고 변화하는 것이기 때문에 지각 불가능한 성질을 내포한다. 예술에서 되기는 어떤 것이 혹은 누군가가 끊임없이 다른 것이 되는 행위이다. 예술의 세계는 기호들의 세계이고, 신체에 내재적이고 잠재적인 힘들의 세계이다. 그리고 예술의 소재인 소리·색채·언어·움직이는 이미지는 분리되지만 상호 연관된 방식으로 감각을 구체화한다. 즉 예술은 지각 불가능한 것을 지각 가능하게 하는 소재로 구체화한다. 또한 예술은 사유 혹은 창조의 형식들을 구성하고, 사유의 창조적인 양태는 자연계의 창조적인 과정과 분리될 수 없다. 이런 의미로 예술은 자연계를 재현하는 행위가 아니라 삶의 창조적인 행위이다.

　"들뢰즈 미학의 중심적인 개념이 표현"(Williams 516)이고, 표현이 끊임없는 생성의 과정 속에 있는 개념인 것처럼, 들뢰즈가 강조하는 예술은 다른 형태를 취하는 변형의 선을 따르면서, 아무것도 재현하지 않는 예술이고, 소수적 의식을 표현하고 구성하는 예술이다. 들뢰즈는 외부로 열려있는 우주적 탈주선을 그리며 새로운 실험을 추구하는 예술가를 주목한다. 들뢰즈는 이러한 예술가로 연극에서 베네와 윌슨, 글쓰기에서 베케트와 카프카, 미술에서 베이컨, 음악에서 바레즈와 케이지 등을 예로 든다. 이들의 작품들은 근대적 이성에 저항하는 혁신적인 표현을 통해 관객과의 소통의 제약을 초래할 수도 있고 공통감적인 이해가 어려울 수도 있다. 하지만 들뢰즈는 일반 관객보다는 오히려 예술가의 입장에 서서 그들 작품들을 고찰하고, 재현의 권력을 거부하고 창조적이고 새로운 것을 형상화하는 예술가의 도전 의식, 창조의 무한한 가능성을 암시하는 그들의 소수적 의식을 강조한다. 따라서 우리가 인식해야 할 그의 예술에 대한 논의는 창조적인 작품을 생산하는 예술가의 실험 작업에 집중하는 데 있고, 재현적인 질서와 통례적이고 압제적인 담론과 제도를 거부하

며 창조성의 정치학을 구체화하는 예술가와 그들의 작품들을 강조하
는 데 있다.

# 참고 문헌

권송택. 〈19세기 음악에서 리토르넬로 형식의 부활이 갖는 의미〉. 《한국음악학회논문집: 음악연구》 24(2001): 37-57.

권태일. 〈들뢰즈의 "표현" 개념으로 본 현대예술의 비(非)표상성: 현대의 회화와 건축에 나타난 비표상성을 중심으로〉. 《범한철학》 41(2006): 135-70.

김문자 외 3명. 《들으며 배우는 서양음악사 1》. 서울: 심설당, 1993.

———《들으며 배우는 서양음악사 2》. 서울: 심설당, 1993.

김석만. 《스타니슬라브스키의 연극론》. 서울: 이론과 실천, 1993.

김정용. 〈문학: 말없는 사물의 기호-소도구의 드라마적 기능〉. 《독일어문학》 12(2000): 45-64.

김혜정. 《서양음악의 흐름》. 서울: 도솔, 2003.

김혜지. 〈에드가 바레즈의 Poeme Electronique에 사용된 전자음악 기법 연구〉. 《한국음악학회논문집: 음악연구》 35(2005): 67-90.

그레고리 플랙스먼 엮음. 《뇌는 스크린이다》. 박성수 옮김. 서울: 이소, 2003.

노정희 외 4명. 《서양음악의 이해》. 서울: 건국대학교출판부, 1999.

도널드 J. 그라우트 외 1명. 《서양음악사》. 세광음악출판사 편집국 옮김. 서울: 세광음악출판사, 1996.

데이비드 로먼 로드윅. 《질 들뢰즈의 시간기계》. 김지훈 옮김. 서울: 그린비, 2005.

루이지 피카치. 《프랜시스 베이컨》. 양영란 옮김. 서울: 마로니에 북스, 2006.

라이히텐트리트 H. 《음악형식론》. 최동선 옮김. 서울: 현대음악출판사,

1990.

로널드 보그. 《들뢰즈와 가타리》. 이정우 옮김. 서울: 새길, 2005.

―― 《들뢰즈와 음악, 회화, 그리고 일반 예술》. 사공일 옮김. 서울: 동문선, 2006.

로저 카미엔. 《서양음악의 유산 I》. 김학민 옮김. 서울: 예솔, 1993.

―― 《서양음악의 유산 II》. 김학민 옮김. 서울: 예솔, 1993.

마리 크로드 위베르. 《이오네스크 연극미학》. 박형섭 옮김. 서울: 동문선, 1993.

미셸 아셍보. 《화가의 잔인한 손》. 최영미 옮김. 서울: 강, 1998.

박성수. 《들뢰즈》. 서울: 이룸, 2004.

박연규. 〈퍼스기호학에 있어 도상기호의 재현성 ― Joseph Ransdell의 논의를 중심으로〉. 《기호학연구》 16(2004): 219-242.

박종호. 《불멸의 오페라》. 서울: 시공사, 2005.

박준용. 《바그너 오딧세이》. 서울: 씨디가이드, 2002.

박필제 외 1명. 《색채학 입문》. 서울: 형설출판사, 2001.

백보라. 〈로버트 윌슨 연극에 나타난 이미지의 구조와 지향성: 《해변 위의 아인슈타인》과 《햄릿머신》을 중심으로〉. 《한국연극학》 25(2005): 39-69.

사공일. 《들뢰즈의 연극과 되기》. 부산: 부산외국어대학교 박사논문, 2007.

심세광. 〈들뢰즈와 문학〉. 《들뢰즈 사상의 분화》(2007): 211-243.

앙리 베르그손, 《물질과 기억》. 박종원 옮김. 서울: 아카넷, 2005.

―― 《창조적 진화》. 황수영 옮김. 서울: 아카넷, 2005.

오희숙. 《20세기 음악 1: 역사, 미학》. 서울: 심설당, 2004.

―― 《20세기 음악 2: 시학》. 서울: 심설당, 2004.

에른스트 곰브리치. 《서양미술사》. 백승길, 이종승 옮김. 서울: 예경, 1999.

윤성우. 《들뢰즈: 재현의 문제와 다른 철학자들》. 서울: 철학과 현실사, 2004.

이석원. 《현대음악: 아방가르드에서 포스트모더니즘까지》. 서울: 서울대학교출판부, 1997.

이진경. 《노마디즘 1》. 서울: 휴머니스트, 2002.

── 《노마디즘 2》. 서울: 휴머니스트, 2002.

── 《철학과 굴뚝청소부》. 서울: 그린비, 2006.

장시기. 《노자와 들뢰즈의 노마돌로지》. 서울: 당대, 2005.

정형철. 《하이퍼텍스트 이론》. 부산: 부산외국어대학교출판사, 2003.

── 《들뢰즈와 가타리: 포스트구조주의와 노매돌로지의 이해》. 부산: 세종출판사, 2003.

조지 P. 랜도우. 《하이퍼텍스트 2.0: 현대비평이론과 테크놀로지의 수렴》. 여국현 외 옮김. 서울: 문화과학사, 2003.

존 미들턴 머리. 《문체론 강의》. 서울: 현대문학, 1992.

제리 S. 크리포드. 《개발과 표현》. 양광남 옮김. 서울: 예하출판사, 1988.

진중권. 《현대미학강의》. 서울: 아트북스, 2004.

질 들뢰즈. 《시네마 2: 시간─이미지》. 이정하 옮김. 서울: 시각과 언어, 2005.

── 《차이와 반복》. 김상환 옮김. 서울: 민음사, 2004.

질 들뢰즈, 카르멜로 베네. 《중첩》. 허희정 옮김. 서울: 동문선, 2005.

질 들뢰즈외 1명. 《천 개의 고원》. 김재인 옮김. 서울: 새물결, 2001.

─ 《철학이란 무엇인가?》. 이정임 외 1명 옮김. 서울: 현대미학사, 1995.

찰스 샌더스 퍼스. 《퍼스의 기호사상》. 김성도 편역. 서울: 민음사, 2006.

캐롤 스트릭랜드. 《클릭, 서양미술사》. 김호경 옮김. 서울: 예경, 2004.

콘스탄틴 S. 스타니슬라브스키. 《역할구성》. 김균형 옮김. 서울: 소명출판사, 2001.

── 《역할창조》. 김균형 옮김. 서울: 소명출판사, 2002.

키스 안셀 피어슨. 《싹트는 생명》. 이정우 옮김. 서울: 산해, 2005.

폴 리쾨르. 《번역론: 번역에 관한 철학적 성찰》. 윤성우, 이향 옮김. 서울: 철학과 현실사, 2006.

펠드만. E. B. 《미술의 구조적 이해》. 김춘일 옮김. 서울: 열화당, 1979.

펠릭스 카타리. 《기계적 무의식》. 윤수종 옮김. 서울: 푸른숲, 2003.

—— 《카오스모제》. 윤수종 옮김. 서울: 동문선, 2003.

한재현, 정찬섭. 〈얼굴 표정에 의한 내적 상태 추정〉. 《한국감성과학학회지》 1(1998): 41-58.

황수영. 〈들뢰즈의 생성의 철학-현대 프랑스철학의 인문주의적 기초 II〉. 《哲學》 제84집(2005): 87-108.

Bogue, Ronald. *Deleuze and Guattari*. London: Routledge, 1989.

—— *Deleuze on Cinema*. New York: Routledge, 2003.

—— *Deleuze on Literature*. London: Routledge, 2003.

—— *Deleuze on Music, Painting, and the Arts*. London: Routledge, 2003.

—— *Deleuze's Wake*. New York: New York UP, 2004.

Boundas, Constantin V. "Deleuze-Bergson: The Ontology of the Virtual." *Deleuze: A Critical Reader*. Ed. Paul Patton. London: Blackwell(1996): 81-106.

Colebrook, Claire. *Gilles Deleuze*. London: Routledge, 2002.

Deleuze, Gilles. *Bergsonism*. Trans. Hugh Tomlinson and Barbara Habberjam. New York: Zone Books, 1988.

—— *Cinema 2: The Time-Image*. Trans. Hugh Tomlinson and Robert Galeta. Minneapolis: Minnesota UP, 1989.

—— *Dialogues*. Trans. Hugh Tomlinson and Barbara Habberjam. New York: Columbia UP, 1987.

—— *Difference and Repetition*. Trans. Paul Patton. New York: Columbia UP, 1994.

—— *Essays Critical and Clinical*. Trans. Daniel W. Smith and Michael A. Greco. Minneapolis: Minnesota UP, 1997.

—— *Francis Bacon: The Logic of Sensation*. Trans. Daniel W. Smith.

Minneapolis: Minnesota UP, 1997.

—— *Negotiations: 1972-1990*. Trans. Martin Joughin, New York: Columbia UP, 1995.

—— *Pure Immanence: Essays on a Life*. Trans. Anne Boyman. New York: Zone Books, 2001.

—— *The Logic of Sense*. Trans. Mark Lester. Ed. Constantin V. Boundas. New York: Columbia UP, 1994.

Deleuze, Gilles and Félix Guattari. *A Thousand Plateaus*. Trans. Brian Massumi. Minneapolis: Minnesota UP, 1987.

—— *What Is Philosophy?*. Trans. Hugh Tomlinson and Graham Burchell. New York: Columbia UP, 1994.

—— *Kafka: Toward a Minor Literature*. Trans. Dana Polan. Minneapolis: Minnesota UP, 1986.

Eisenstein, Sergei. *Film Form and Film Sense*. Tarns. & Ed. Erich Klinghammer. New York: Holt, Rinehart & Winston, 1975.

Goudge, T. A. "Bergson, Henri." *The Encyclopepedia of Philosophy*. Vol. 1. Ed. Paul Edwards. New York: The Macmillian Company & The Free Press, 1978.

Hardt, Michael. *Gilles Deleuze: An Apprenticeship in Philosophy*. Minneapolis: U of Minnesota P, 1993.

Fessenden, Ralph J. *Organic Chemistry*. Belmont: Brooks Publishing Company, 1993.

Ian Buchanan and Marcel Swiboda, ed. *Deleuze and Music*. Edinburgh: Edinburgh University Press, 2004.

Klee, Paul. *Notebooks*. Ed. Jürg Spiller. Vol. 1. Trans. Ralph Manheim. New York: Wittenborn Art Books, 1961.

May, Todd G. "The Politics of Life in the Thought of Gilles Deleuze."

*SubStance* 66(1991): 24−35.

Patton, Paul. "Conceptual Politics and the War−Machine in Mille Plateaux." *SubStance* 44/45(1984): 61−80.

Pearson, Keith Ansell, ed. *Deleuze and Philosophy: The Difference Engineer*. London: Routledge, 1997.

Sartre, Jean−Paul. *Being and Nothingness*. Trans. Hazel E. Barnes. New York: Philosophical Library, 1956.

Shakespeare, William. *King Lear*. Ed. Kenneth Muir. London: Methuen, 1972.

—— *Richard III*. Ed. David Bevington. New York: Bantam, 1988.

Sylvester, *David, ed. The Brutality of Fact: Interview with Francis Bacon*. New York: Thames & Hudson, 1987.

Vivier, Odile, *Varèse*. Paris: Seuil, 1973.

Williams, James. "Gilles Deleuze." *Encyclopedia of Aesthetics 1*. Ed. Michael Kelly and Constantin V. Boundas. New York: Oxford UP, 1998.

Worringer, Wilhelm. *Abstraction and Empathy: A Contribution to the Psychology Style*. Trans. Michael Bullock. 1908. Reprint, New York: International Universities Press, 1953.

—— *Form in Gothic*. Trans. Sir Herbert Read. 1912. Reprint, London: Alec Tiranti, 1957.

# 색 인

사공일
경희대학교 화학공학과 졸업
부산외국어대학교 영문학과 석·박사 졸업
현재 부산외국어대학교 출강
들뢰즈의 예술론에 대한 연구 병행
역서: 《들뢰즈와 음악, 회화, 그리고 일반 예술》
논문: 〈영화 〈취화선〉에서의 "신선-되기"〉 등

들뢰즈와 창조성의 정치학

초판발행 : 2008년 5월 30일

東文選
제10-64호, 78. 12. 16 등록
110-300 서울 종로구 관훈동 74번지
전화 : 737-2795

편집설계 : 李娅롯

ISBN 978-89-8038-633-8 94100

## 【東文選 現代新書】

| 300 | 아이들에게 설명하는 이혼 | P. 루카스·S. 르로이 / 이은민 | 8,000원 |
| 301 | 아이들에게 들려주는 인도주의 | J. 마무 / 이은민 | 근간 |
| 302 | 아이들에게 설명하는 죽음 | E. 위스망 페랭 / 김미정 | 8,000원 |
| 303 | 아이들에게 들려주는 선사시대 이야기 | J. 클로드 / 김교신 | 8,000원 |
| 304 | 아이들에게 들려주는 이슬람 이야기 | T. 벤 젤룬 / 김교신 | 8,000원 |
| 305 | 아이들에게 설명하는 테러리즘 | M. -C. 그로 / 우강택 | 8,000원 |
| 306 | 아이들에게 들려주는 철학 이야기 | R. -P. 드루아 / 이창실 | 8,000원 |

## 【東文選 文藝新書】

| 1 | 저주받은 詩人들 | A. 뻬이르 / 최수철·김종호 | 개정근간 |
| 2 | 민속문화론서설 | 沈雨晟 | 40,000원 |
| 3 | 인형극의 기술 | A. 훼도토프 / 沈雨晟 | 8,000원 |
| 4 | 전위연극론 | J. 로스 에반스 / 沈雨晟 | 12,000원 |
| 5 | 남사당패연구 | 沈雨晟 | 19,000원 |
| 6 | 현대영미희곡선(전4권) | N. 코워드 外 / 李辰洙 | 절판 |
| 7 | 행위예술 | L. 골드버그 / 沈雨晟 | 절판 |
| 8 | 문예미학 | 蔡 儀 / 姜慶鎬 | 절판 |
| 9 | 神의 起源 | 何 新 / 洪 熹 | 16,000원 |
| 10 | 중국예술정신 | 徐復觀 / 權德周 外 | 24,000원 |
| 11 | 中國古代書史 | 錢存訓 / 金允子 | 14,000원 |
| 12 | 이미지 — 시각과 미디어 | J. 버거 / 편집부 | 15,000원 |
| 13 | 연극의 역사 | P. 하트놀 / 沈雨晟 | 절판 |
| 14 | 詩 論 | 朱光潛 / 鄭相泓 | 22,000원 |
| 15 | 탄트라 | A. 무케르지 / 金龜山 | 16,000원 |
| 16 | 조선민족무용기본 | 최승희 | 15,000원 |
| 17 | 몽고문화사 | D. 마이달 / 金龜山 | 8,000원 |
| 18 | 신화 미술 제사 | 張光直 / 李 徹 | 절판 |
| 19 | 아시아 무용의 인류학 | 宮尾慈良 / 沈雨晟 | 20,000원 |
| 20 | 아시아 민족음악순례 | 藤井知昭 / 沈雨晟 | 5,000원 |
| 21 | 華夏美學 | 李澤厚 / 權 瑚 | 20,000원 |
| 22 | 道 | 張立文 / 權 瑚 | 18,000원 |
| 23 | 朝鮮의 占卜과 豫言 | 村山智順 / 金禧慶 | 28,000원 |
| 24 | 원시미술 | L. 아담 / 金仁煥 | 16,000원 |
| 25 | 朝鮮民俗誌 | 秋葉隆 / 沈雨晟 | 12,000원 |
| 26 | 타자로서 자기 자신 | P. 리쾨르 / 김웅권 | 29,000원 |
| 27 | 原始佛敎 | 中村元 / 鄭泰爀 | 8,000원 |
| 28 | 朝鮮女俗考 | 李能和 / 金尙憶 | 24,000원 |
| 29 | 朝鮮解語花史(조선기생사) | 李能和 / 李在崑 | 25,000원 |
| 30 | 조선창극사 | 鄭魯湜 | 17,000원 |
| 31 | 동양회화미학 | 崔炳植 | 19,000원 |
| 32 | 性과 결혼의 민족학 | 和田正平 / 沈雨晟 | 9,000원 |
| 33 | 農漁俗談辭典 | 宋在璇 | 12,000원 |